Deutsche Haiku-Gesellschaft e. V.

Die Deutsche Haiku-Gesellschaft e. V.[1] unterstützt die Förderung und Verbreitung deutschsprachiger Lyrik in traditionellen japanischen Gattungen (Haiku, Tanka, Haibun, Haiga und Kettendichtungen) sowie die Vermittlung japanischer Kultur. Sie organisiert den Kontakt der deutschsprachigen Haiku-Dichter untereinander und pflegt Beziehungen zu entsprechenden Gesellschaften in anderen Ländern. Der Vorstand unterstützt mehrere Arbeits- und Freundeskreise in Deutschland sowie Österreich, die wiederum Mitglieder verschiedener Regionen betreuen und weiterbilden.

[1] Mitglied der Federation of International Poetry Associations (assoziiertes Mitglied der UNESCO), der Haiku International Association, Tokio, Ehrenmitglied der Haiku Society of America, New York.

Anschrift	Deutsche Haiku-Gesellschaft e.V., z. Hd. Stefan Wolfschütz, Postfach 202548, 20218 Hamburg
Vorstand	
Info/DHG-Kontakt und Redaktion	Horst-Oliver Buchholz, horst-oliver.buchholz@dhg-vorstand.de
Redaktion	Eleonore Nickolay, eleonore.nickolay@dhg-vorstand.de
Kassenwartin	Petra Klingl, petra.klingl@dhg-vorstand.de
Website	Stefan Wolfschütz, stefan.wolfschuetz@dhg-vorstand.de
	Claudia Brefeld, post@claudiabrefeld.de
Internationale Kontakte	Klaus-Dieter Wirth, kd.wirth@dhg-vorstand.de
	Tony Böhle, tony.boehle@dhg-vorstand.de
	Peter Rudolf, peter.rudolf@dhg-vorstand.de
	Frank Sauer, frank.sauer@dhg-vorstand.de
Bankverbindung:	Landessparkasse zu Oldenburg, BLZ 280 501 00, Kto.-Nr. 070 450 085 (BIC: SLZODE22XXX, IBAN: DE97 2805 0100 0070 4500 85)

Bibliografische Information der Deutschen Nationalbibliothek:
Die Deutsche Nationalbibliothek verzeichnet diese Publikation
in der Deutschen Nationalbibliografie;
detaillierte bibliografische Daten sind im Internet über dnb.dnb.de abrufbar.

© 2022 Deutsche Haiku-Gesellschaft
Herstellung und Verlag:
BoD – Books on Demand, Norderstedt
ISBN 978-3-756292-56-1

Editorial

Liebe Leserinnen, liebe Leser,

endlich! Nach schier endloser Zeit coronabedingter Abstinenz konnte die DHG wieder zu einem persönlichen Treffen einladen, zum Austausch, und Klönen – und natürlich auch zur ordentlichen Mitgliederversammlung, wie sie turnusgemäß vorgeschrieben ist. Der Ort war gut gewählt: das „Haus für Poesie" in der KulturBrauerei, Prenzlauer Berg, Berlin. In Workshops und Lesungen, bei asiatischem Imbiss, Kaffee und Tee braute sich da an drei Tagen einiges zusammen, Prosa und Verse, Ideen und Gedanken, in Gesprächen und in kreativen Runden. Wer nicht kommen konnte, findet in diesem Heft einige Impressionen. Und schon heute freuen wir uns auf ein Wiedersehen, spätestens in zwei Jahren.

Unterdessen ist ein heißer Sommer an uns vorbeigezogen, erste Blätter färben sich bunt, Zeit der Zwischentöne und des Abgesangs.

wie wenn der Herbst
jetzt früher fiele
als in Kindertagen

Lassen Sie sich davon inspirieren bei unserem „Haiku KreAktiv", das genau zu diesem Thema einlädt: Zwischentöne.

Und auch sonst sind Sie herzlich eingeladen, sich vom bunten Blätterstrauß anregen zu lassen, den wir hier für Sie – und teils auch gemeinsam mit Ihnen – gebunden haben. Da steht manches noch in Blüte, viel Vergnügen.

Herzlich
Ihr
Horst-Oliver Buchholz

3

Inhalt

5

Eleonore Nickolay

Die Haiku-Agenda 2023

Das DHG-Haiku-Agenda-Team bedankt sich herzlich bei den 45 Autoren und Autorinnen, die sich in diesem Jahr am DHG-Wettbewerb für die Haiku-Agenda 2023 beteiligt haben, sowie bei den 8 Fotografen und Fotografinnen, die Bilder für das Cover der Agenda einreichten.

Alle Einsendungen nahm Eleonore Nickolay in Empfang und anonymisierte sie für die Juroren Horst-Oliver Buchholz, Petra Klingl und Klaus-Dieter Wirth, die jeweils 1 bis 3 Punkte vergeben konnten.

Das Blumenfoto von Gabi Buschmann erreichte mit 9 Punkten die höchste Punktzahl und schmückt damit das Cover unserer Haiku-Agenda 2023. Herzlichen Glückwunsch an die Fotografin!

Die höchste Punktzahl 9 unter den Haiku erreichte das Frühlings-Haiku von Friedrich Winzer:

Frühlingsbrise
eine Vogelscheuche
plustert sich auf

8 Punkte gingen an:

Straßencafé
die Frau frühstückt
mit dem Sperling
    Evelin Schmidt

das alte Pappei
beim Öffnen entfliegt
ein Kinderlachen
    Petra Fischer

Spätsommermorgen
der Greis zählt
die Hagebutten
    Martin Berner

Novemberkälte
sie häkelt
einen Seelenwärmer
    Christa Beau

bereifte Blüte
die Rose vom Frost geknickt
duftet immer noch
    Marie-Luise Schulze Frenking

am Meer
vereint mit der Stille
sein Atem
    Claus Hansson

Märzensonne
das alte Lächeln
passt nicht mehr
    Martin Berner

Bergwanderung
im Regen – ich lerne die
Sprache des Wassers
    Gérard Krebs

Sommerende
ich schütte Sand
aus meinen Schuhen
    Kamil Plich

Kürbissuppe
die Wärme einer
Vorfreude
    Birgit Heid

verschneite Felder …
ein Teil von mir
möchte bleiben
    Eva Limbach

Schneegestöber
sie weiß nicht mehr
wie er ausgesehen hat
    Martin Berner

Folgende Haiku erreichten 7 Punkte:

Frühlingssonne –
die ersten grauen Haare
waren gestern
    Eva Limbach

Herbststille
unsere Gedanken
Hand in Hand
    Brigitte ten Brink

Blätterregen
ich atme
Herbst
    Dorothea Philipps

Spiegelglatt
sie tritt
zurück
    Birgit Heid

Januarabend
im kahlen Pflaumenbaum
hängt ein reifer Mond
    Evelin Schmidt

Neuschnee
fürs Schwarz-Weiß-Foto posiert
eine Krähe
    Eleonore Nickolay

Platzregen
auf dem Boden
Wolkenfetzen
    Grazyna Werner

Hochnebel
der Wald versinkt
im Schweigen
    Ingrid Löbling

Die alte Holzbrücke
nebelverschleiert – irgendwo
steht der Mond.
    Reinhard Dellbrügge

Uferstille –
der Schleier des Mondes
auf blankem Eis
    Angelica Seithe

Januarsonne
auf langen Beinen läuft mir
mein Schatten voraus
    Marie-Luise Schulze Frenking

Schreibschriftübung
Buchstabe für Buchstabe
entsteht ein Schneemann
    Brigitte ten Brink

Insgesamt sind 38 Wettbewerbsteilnehmer und -teilnehmerinnen mit einem Haiku auf einer der Kalenderwochenseiten vertreten. 4 Punkte mussten dazu mindestens erreicht werden.

Eleonore Nickolay nahm die Auswahl und Verteilung auf die Kalenderwochenseiten vor. Um alle 53 Kalenderwochen den Jahreszeiten entsprechend füllen zu können, griff sie auf 15 Haiku aus vorangegangenen Haiku-Auswahlen von SOMMERGRAS zurück.

Ein besonderer Dank gilt auch in diesem Jahr wieder Ramona Linke für ihre Tuschezeichnungen, die weitere 16 Jahreszeiten-Haiku unserer DHG-Mitglieder zieren.

Somit sind auch in der neuen Agenda wieder insgesamt 69 Autoren und Autorinnen vertreten. Allen sei herzlich gratuliert!

Ein herzliches Dankeschön auch an Stephanie Mattner (Satz) und Petra Klingl, die sich um die verlegerischen Belange kümmerte.

Der DHG-Vorstand wünscht viel Freude mit der neuen Haiku-Agenda 2023.

Die Haiku-Agenda 2023 ist ab sofort im Buchhandel oder bei BoD – Books on Demand – erhältlich. ISBN: 978-3-756244-78-2

Impressionen der Mitgliederversammlung der DHG vom 13. Mai bis zum 15. Mai 2022 auf dem Gelände der „KulturBrauerei" im Haus für Poesie in Berlin-Prenzlauer Berg

Zusammengetragen von Eleonore Nickolay

Am Freitagnachmittag trudelten die Teilnehmer und Teilnehmerinnen ein und wurden von Eleonore Nickolay und Peter Rudolf in Empfang genommen.

Unser Tagungsraum

Es folgte ein Haiku-Vortrag von Klaus-Dieter Wirth:

Das anschließende gemeinsame Abendessen sollte eigentlich in einem gemütlichen Lokal auf dem Gelände der KulturBrauerei stattfinden, doch eine Woche zuvor erfuhr Petra, dass am Freitag das Lokal wegen Personalmangel geschlossen bleibt. Da hieß es, schnell für über 30 Personen umdisponieren. Die einzige Gaststätte, die noch genügend Platz hatte und nicht allzu entfernt von unserer Tagesstätte lag, war das Münchener Hofbräuhaus! Nach den ersten Schrecksekunden bei Eintritt in einen vollen Saal mit lautem Blechblasorchester, nahmen wir es schließlich mit Humor.

Doch gleich nach dem Essen verließen wir fluchtartig das feuchtfröhliche Ambiente. In kleineren Gruppen fanden dann alle noch ruhige und teils urige Berliner Kneipen. Der Abend war lau, man konnte draußen sitzen und sich endlich nett unterhalten, anstatt sich anzubrüllen.

Am Samstag begann um 10 Uhr unsere Mitgliederversammlung.
Stefan Wolfschütz begrüßte die Anwesenden:

Birgit Heid verlas ihren Kassenprüfungsbericht:

Wir dankten Petra Klingl für die perfekte Organisation:

Der neu gewählte Vorstand mit Frank Sauer als neuem Mitglied:

Von links oben nach rechts unten: Frank Sauer, Klaus-Dieter Wirth, Peter Rudolf, Eleonore Nickolay, Petra Klingl, Horst-Oliver Buchholz, Stefan Wolfschütz und Tony Böhle

Vor dem Abendessen blieb Zeit für Gespräche:

Anschließend ein Leseabend mit Valeria Barouch, Tony Böhle, Claus-Detlef Großmann, Frank Martens, Rita Rosen, Peter Rudolf, Horst-Oliver Buchholz im Duo mit Eleonore Nickolay:

Am Sonntagvormittag fanden zwei Workshops und ein Kukai im Haus für Poesie bzw. draußen auf dem Gelände der KulturBrauerei statt:

Haiga-Workshop mit Claudia Brefeld:

Kukai mit Eleonore Nickolay:

Tanka-Workshop mit Tony Böhle:

Gegen Mittag hieß es, Abschied nehmen, doch einige trafen sich auf dem Japan-Markt am Nachmittag noch einmal wieder (Berlin meets Japan! Ein bunter Kultur- und Designmarkt, mit japanischem Flair! Japanese Culture & Design & Arts & Food & Drinks im Festsaal Kreuzberg).
Ein netter Ausklang!

Freitag, 13.05.2022
Die Teilnehmer und Teilnehmerinnen reisen an –
ab 13 Uhr Anmeldung im Haus für Poesie

Paris – Berlin
eine Himmelfahrt
zu den Haiku-Freunden
Eleonore Nickolay

Ingrid Meinerts

Anreise

Zugausfälle
in der Bahnhofshalle
aufgeschreckte Hühner

Lautsprecher quäken ins Leere

Ordnung im Chaos
auch die Anschlusszüge
sind verspätet

Platzreservierungen
aufgehoben – die Reise
nach Jerusalem

Mittagszeit
der Duft aus der Brötchentüte
des Nachbarn

HäuserLandschaftenHäuser
die Gedanken sind schneller

angekommen
die Großstadt ruft
ich steige ein

Birgit Heid

Unterwegs

Im Zug eine Reisegruppe vom Bodensee. Zwischen Karlsruhe und Mannheim beginnt eine Frau mit ihrer Nachbarin ein angeregtes Gespräch auf Englisch. Diese ist Ukrainerin. In Mannheim umarmen sie sich zum Abschied. Die Frau neben mir grüßt nicht und spricht nicht. Sie liest Korrektur und tippt ins Handy, ihre Tasche trägt eine kyrillische Aufschrift. Berlin ist auf den ersten Anblick die Stadt der futuristischen Glaspaläste. Doch der Tiergarten, wohin mich mein Weg führt, stellt sich als wohltuend unreglementiert dar. Der Potsdamer Platz mit seinen zahlreichen Facetten. Erhebend, durchs Brandenburger Tor zu gehen, mitsamt den ungestümen Radfahrern.

> neues Kapitel
> im Geschichtsbuch
> wer wiederholt das alte?

Der Reichstag hält Passanten mit einem Absperrzaun auf Distanz. Einige Männer in Anzügen fotografieren sich gegenseitig an der Absperrung. Als ich gerade fragen will, wozu sie sich hier treffen, sehe ich auf einem Revers das AfD-Abzeichen. In der Jugendherberge bin ich über die günstige Möglichkeit einer Mahlzeit dankbar. Den Landwehrkanal entlang. Hier in der Nähe muss Rosa Luxemburg hineingeworfen worden sein. Auf dem Weg zur Siegessäule entlang des Tiergartens schlüpft gerade einer in seinen staubigen Schlafsack auf einer Bank. Dahinter strömt der Autoverkehr. In der Abendsonne durch den Tiergarten, in der Hiroshima-Straße die japanische Botschaft. Ich winke dem Mitarbeiter an der Anmeldung.

alte Brauerei	Treffpunkt der Namen
nun gären hier Worte	sie tragen nun
und Ideen	Gesichter
Sylvia Hartmann	**Evelin Schmidt**

Kulturbrauerei
der Duft von Hopfen
fast verflogen
Evelin Schmidt

Birgit Heid

Amai
das Treffen
der Haikufreunde

Die KulturBrauerei mit ihren Backsteingebäuden. Wärmendes Hallo nach
allen Seiten und viele Gespräche. Geschwisterlich, als sei ich nie wegge-
wesen.

17 Uhr: Haiku-Vortrag Klaus-Dieter Wirth

Entwicklungsphasen des Haiku in Japan
sowie im Verlauf seiner Rezeption in der westlichen Welt

Grob betrachtet lässt sich die Geschichte des Haiku sowohl in Japan, dem
Mutterland seiner Entstehung, als auch in der Rezeptionsgeschichte der
westlichen Welt in drei Phasen einteilen: eine Frühphase, eine Konsolidie-
rungsphase und eine Popularisierungsphase, die in beiden Fällen mehr
oder weniger einer Renaissance gleichkommt.

In Japan ist die literarische Frühphase noch stark von der höfisch-elitä-
ren Kultur geprägt. Das Haiku existiert quasi nur im Verborgenen, einge-
bunden in die Kettendichtung des Renga. Dennoch lassen sich schon
hier bemerkenswerte Beispiele herausfiltern, wie etwa die folgenden Ju-
welen von:

19

Arakida Moritake (1473–1549) und   Yamazaki Sōkan (1465–1553):

Ein Blütenblatt das zurückkehrt an seinen Zweig? – Ein Schmetterling!	Könnte man am Mond einen Handgriff anbringen, welch ein Rundfächer!
(Übersetzung von Dietrich Krusche)	(eigene Übersetzung nach der niederländischen Vorlage von J. van Tooren)

Die Konsolidierungsphase mit dem Schwerpunkt im 17./18. Jahrhundert stellt dann unter dem Dreigestirn Matsuo Bashō (1644–1694), Yosa Buson (1716–1784) und Kobayashi Issa (1762–1826) bereits die klassische Periode dar, in der sich das Haiku – damals noch Haikai genannt – zu einem selbstständigen Genre entwickelt, wobei es ihm gelingt, zugleich eine volksläufigere Beachtung zu finden und eine eigene vertiefte Ästhetik herauszubilden.

Der alte Teich. Ein Frosch springt hinein – das Geräusch des Wassers.	Winterregen. Eine Maus läuft über die Saiten der Mandoline.
Matsuo Bashō	Yosa Buson

Der Schnee ist geschmolzen:
Das Dorf läuft über
von Kindern.

    Kabayashi Issa

(Übersetzungen von Dietrich Krusche)

Gegen Ende des 19. Jahrhunderts wiederum setzt – beeinflusst durch die neue Berührung mit der bis dahin weitgehend unbekannt gebliebenen westlichen Kultur – eine grundsätzliche Neuorientierung ein, die fortan das moderne Haiku bestimmen sollte. Der Beginn dieser Phase wird markiert durch die Umbenennung des Genres von Haikai zu Haiku durch Masaoka Shiki (1867–1902) und die Propagierung seines Shasei-Stils, als solcher zu verstehen als eine möglichst objektive Skizze nach der Natur.

Masaoka Shiki:

Ich dreh mich um –
der Mann, der mir entgegenkam,
vergeht im Nebel.

(Übersetzung von Dietrich Krusche)

Schon bei seinen Schülern Kawahigashi Hekigodō (1873–1937) und Takahama Kyoshi (1874–1959) zeichnet sich jedoch in der Folge der zukünftige Widerstreit zwischen den Lagern der Reformer und Traditionalisten ab.

Unter dem Himmel des neuen Jahres
ist das Meer
ganz still.

    Kawahigashi Hekigodō

Die Schlange glitt davon
doch ihre Augen
blieben im Gras.

    Takahama Kyoshi

(Übersetzungen von Dietrich Krusche)

Hier also die Verfechter der drei unabdingbaren Strukturmerkmale, des Aufbauschemas in 5-7-5 Onji – so etwas wie Silben oder besser noch Moren im Hinblick auf die Metrik in den westlichen Literaturen –, des Kigo, d. h. eines Jahreszeitenworts und des Kireji, eines sog. Schneide- oder Seufzerworts; dort die Verfechter eines freieren Stils bis hin zu extremen Vorstellungen.

aki no ch ōō ikete-iru ki wa mottomo ki   mirai yori taki o fukiwaru kaze kita

Das lebhafte Gelb   Aus der Zukunft
eines Schmetterlings im Herbst,   bläst ein Wind heran,
gelb vor allem!   teilt den Wasserfall

   Seishi Yamaguchi (1901–1994)   Ban'ya Natsuishi (1955)

(eigene Übersetzung nach einer englischen Vor-   (eigene Übersetzung nach einer
lage von Takashi Kodaira und Alfred H. Marks)   englischen Vorlage von Hiroaki Satō)

Zur frühen, um nicht zu sagen prähistorischen, Wahrnehmung des japanischen Haiku in der abendländischen Welt gehört das folgende, vermutlich erste, von dem Holländer Hendrik Doeff übersetzte oder gar selbst verfasste Haiku:

Een lentebriesje –   Frühjahrsbrise –
her en der reppen ze zich,   sie eilen hin und her
de zeilscheepjes!   die Segelschiffchen!

   Hendrik Doeff   (eigene Übersetzung)

Es stammt aus der Zeit, als die Niederlande sich 1641 das Privileg zu sichern gewusst hatten, auf der Halbinsel Dejima bei Nagasaki einen Handelsposten einzurichten. Von Zeugnissen aus dem unseligen „christlichen Jahrhundert" zuvor, als sich die allerersten Kontakte mit Europäern, portugiesischen Missionaren und spanischen Konquistadoren, ergaben, ist nichts bekannt.

Die eigentliche Früh- und Entdeckungsphase Nippons setzte aus westlicher Sicht viel später erst mit dem Jahr 1853 ein, als die Amerikaner durch Androhung des Einsatzes ihrer überlegenen militärischen Gewalt die endgültige Öffnung des Landes für den allgemeinen Handel erzwangen, was zugleich das Ende des Zeitalters der totalen Abschottung nach außen, der „Sakoku", und den Start in die Moderne mit dem Beginn der Meiji-Zeit bedeutete, für die Japaner ein viel größerer Einschnitt in ihr alltägliches Leben und ihre traditionsverbundene Kultur als für ihre endgültigen Entdecker, die Westler. Kunst und Literatur empfingen durch die Strömungen des Realismus, Naturalismus, Impressionismus und Symbolismus, außerdem geprägt vom Zeitalter der Industrialisierung, völlig neue Impulse. Auf der anderen Seite profitierten auch das Abendland und die Neue Welt von der neuartigen, außergewöhnlichen Begegnung. Zwar hatte sich schon im Europa des 18. Jahrhunderts ein gewisser Hang zum Exotismus herauskristallisiert – man denke etwa an die Romane „Robinson Crusoe" von Daniel Defoe (1719) oder „Les lettres persanes" von Montesquieu (1721) –, doch empfand man insbesondere den gänzlich anderen Stil der japanischen Malerei bzw. Grafik mit ihrer neuartigen Flächengliederung, Schattenlosigkeit und Asymmetrie unmittelbar als Bereicherung, eine Sichtweise, die sich dann nicht nur in der plakativen Kunst eines Toulouse-Lautrec oder auch in den Tahiti-Bildern von Gauguin niederschlug. Als Einzelbeleg möge etwa das durch Hiroshiges Farbholzschnitt inspirierte Gemälde „Brücke im Regen" (1887) von Vincent van Gogh dienen. Auf diese Weise schwappte die „Monsterwelle" Katsushika Hokusais (1760–1849) bald bis an alle westlichen Gestade.

Trotzdem verlief die Rezeptionsgeschichte des Haiku in der westlichen Welt erstaunlich unterschiedlich. So dauerte die Entdeckungsphase im anglophonen Bereich letztlich über ein halbes Jahrhundert bis nach dem 2. Weltkrieg. Ganz am Anfang waren es die britischen und amerikanischen Gelehrten W. G. Aston und Basil Hall Chamberlain, die durch ihre Sprachbücher, Literaturgeschichten oder Übersetzungen auf das Genre aufmerksam machten, sodann einige unbedeutendere Publizisten exotischer Populärliteratur. Dennoch fand das Haiku noch kein Interesse bei den Dichtern selbst. Allein die Imagisten um Ezra Pound und James Gould Fletcher spielten, fasziniert von seiner Bildhaftigkeit, schon ein wenig mit der neuen Form. Erst in den späten 30er Jahren veröffentlichten Literaturstudenten die ersten bescheidenen Haiku-Originale. Und mit den weiteren Pionieren, Harold G. Henderson (1934 – The Bamboo Broom: An Introduction to Japanese Haiku) und dem Japanamerikaner Kenneth Yasuda (1947 – A

Pepper-Box: Classic Japanese Poems Together with Original Haiku), waren es wiederum Akademiker, die mit ihren Übersetzungen auf das Genre aufmerksam machten. Yasuda verwendete dabei interessanterweise noch den Reim für die erste und dritte Zeile. Zum alle überragenden Vermittler machte sich indes der Brite Reginald Horatio Blyth mit seinem vierbändigen Standardwerk „Haiku" (1949–1952), einer systematischen Aufarbeitung des Genres in Übersetzungen und detaillierten Erläuterungen.

In Frankreich hingegen, der führenden Literaturnation des Fin de Siècle, der Zeit des ausgehenden 19. Jahrhunderts, geschah die erste Annäherung an das Haiku bezeichnenderweise direkt, d. h. nicht erst mittels Übersetzungen japanischer Vorlagen, sondern gleich in Form von eigenständigen Versuchen. Angeregt durch eine Japanreise beschlossen drei Freunde, Paul-Louis Couchoud, Albert Poncin und André Faure, eine Bootsfahrt auf der Seine zu machen und ihre Eindrücke im neuentdeckten Genre des „japanischen Epigramms" festzuhalten, wie sie das Haiku noch im Bemühen um Anlehnung an eine bekannte westliche Gedichtform nannten. Das Ergebnis: Bereits 1905 erschien „Au fil de l'eau" („Mit dem Strom"), das erste eigenständige Haiku-Buch in einer westlichen Sprache!

> Les joncs même tombent de sommeil,
> Je rôtie délicieusement.
> Midi.
>
> Paul-Louis Couchoud

> Selbst die Binsen zum Umfallen müde,
> Ich brate was Feines.
> Mittagszeit.
>
> (eigene Übersetzung)

Die Saat war gelegt. Die Entdeckungsphase ging alsbald in eine Konsolidierungsphase über. Als weitere Wegmarke entstand 1915 die Sammlung „Cent visions de guerre" („Hundert Gesichter vom Krieg") von Julien

Vocance, obwohl alles andere als ein Haiku-Thema! Auch hieraus ein Beispiel:

Gris fer, gris plomb, gris cendré,	Eisengrau, bleigrau, aschgrau,
Gris dans les cœurs résignés	grau in resignierten Herzen:
Relève des tranchées.	Ablösung in den Schützengräben.
Julien Vocance	(eigene Übersetzung)

Noch schlagender ist dann der Beweis, dass es bereits 1923 René Maublanc gelang, in der Zeitschrift „Le Pampre" („Die Weinranke") eine Anthologie und Bibliographie des zeitgenössischen französischen Haiku herauszugeben, die nach 24 vorgegebenen Themen 48 Autoren mit 283 Haiku vereinte. Hinzu kommt, dass nun auch die offiziellen Poeten durchaus Notiz von dem neuen Genre nahmen. Alsda wären zu nennen: Jean Paulhan, Paul Éluard, André Breton, Guillaume Apollinaire und Paul Claudel. Diese erstaunlich populäre Welle verebbte jedoch leider bald in dem turbulenten Jahrzehnt vor dem Ausbruch des 2. Weltkriegs.

Dazu noch ein kurzer Blick in das Nachbarland Belgien. Hier ist anzunehmen, dass August Vermeylen, ein Hochschullehrer für Literatur und Kunstgeschichte in Gent, bereits gut darüber informiert war, was sich inzwischen in Frankreich in puncto Haiku entwickelt hatte. Jedenfalls schrieb er 1927 eins der ersten neuzeitlichen Haiku in niederländischer Sprache:

Zilvervisje glimt	In schwankender Flut
Langs 't onzeekre watervlak	Schimmert silbrig ein Fischchen
En hapt er een ster	Schnappt nach einem Stern
August Vermeylen	(eigene Übersetzung)

Ganz anders geschah die Rezeption des Haiku in Lateinamerika, insbesondere in Mexiko. Auch hier brachte der Wechsel zum 20. Jahrhundert einen bemerkenswerten kulturellen Umbruch mit sich: einmal geprägt durch das Aufkommen des sogenannten Modernismus – eine Bewegung gegen die allzu gekünstelte spanischsprachige Poesie der Zeit – mit seinen Hauptvertretern Rubén Darío aus Nicaragua und José Martí aus Kuba, zum anderen beeinflusst durch den französischen Symbolismus und das neue Interesse an orientalischen Dichtformen. Zur Schlüsselfigur in unserem Zusammenhang wurde durch seine Literaturstudien und Aufenthalte in Japan und Paris der Mexikaner Juan Tablada (1871–1945), der ab 1919 drei Sammlungen seiner „poemas sintéticas" bzw. „jaikai" veröffentlichte. Sein Vorbild und seine Initiative zogen alsbald Kreise auch in anderen Ländern des Kontinents. Besonders bemerkenswert dabei ist, dass die Entdeckungs- und folgende Konsolidierungsphase fast ausschließlich eine Angelegenheit der Dichter blieb, herausragend die Nobelpreisträger Octavio Paz (1914–1998), ebenfalls aus Mexiko, und Pablo Neruda (1904–1973) aus Chile sowie der Argentinier Jorge Luis Borges (1899–1966). Übersetzungen klassischer japanischer Haiku, wissenschaftliche Studien, populäre Nachahmungen spielten zu der Zeit also noch kaum eine Rolle. Auffallend auch, dass man dem Haiku gerne eine Überschrift beigab.

»Gaviotas«   »Möwen«

Jirones de espuma   Schaumreiter
De las olas rotas   Gebrochener Wellen
Tórnanse gaviotas   Werden zu Möwen

   Juan Tablada   (eigene Übersetzung)

»Pleno sol«   »Strahlender Sonnenschein«

La hora es transparente: Die Stunde ist durchsichtig:
vemos, si es invisible el pájaro,   wir sehen, wenn der Vogel unsichtbar ist
el color de su canto.   die Farbe seines Gesangs.

   Octavio Paz   (eigene Übersetzung)

26

Eine vierte Variante der Haiku-Rezeption zeigt das Beispiel Brasilien. Hier war von Anfang an neben gewissen postkolonialen Einflüssen von Portugal in Verbindung mit Frankreich der direkte Import des Haiku durch die zahlreichen japanischen Einwanderer ab 1908 (etwa 1,5 Millionen) ausschlaggebend, unter ihnen ist vor allem Satō Kenjirō (1898–1979) zu nennen, bekannter unter seinem Pseudonym Nenpuko, ein Schüler von Takahama Kyoshi (1874–1959), der seinerseits Schüler von Masaoka Shiki (1867–1902), dem berühmten Haiku-Erneuerer, war. Verständlicherweise bildete man zunächst Haiku-Zirkel ganz nach traditionellem Vorbild, dichtete dabei nur in Japanisch, sodann bei fortschreitender Integration auch zweisprachig und erst später ausschließlich in Portugiesisch. Auf diese homogenisierende Weise entwickelte sich die brasilianische Haiku-Szene im Laufe der Zeit sogar zu einer der aktivsten in der westlichen Welt.

Was die Rezeptionsgeschichte des Haiku in Deutschland anbetrifft, so entsprach sie keinem dieser Abläufe. Zwar ist auch hier ihre relativ kurze Entdeckungsphase der allgemeinen Orientierung der Literaten an Frankreich zu verdanken, doch brachten sich erst nach dem 1. Weltkrieg immerhin so bekannte Namen wie Yvan Goll, Rainer Maria Rilke und Klabund quasi beiläufig ins Gespräch. Nachfolgend ein Haiku oder eher ein Senryu, dessen Original Rilke (1875–1926), dem Zeitgeist entsprechend, sogar auf Französisch verfasste:

Entre ses vingt fards	Unter ihren zwanzig Schminken
Elle cherche un pot plein:	Sucht sie einen Napf:
Devenu pierre.	Er wurde zu Stein
Rainer Maria Rilke	(eigene Übersetzung)

Allerdings hatten diese wenigen Versuche – wohl schon aufgrund der außerordentlichen politischen Wirren im Land – keine nennenswerten Auswirkungen.

Kurioserweise begann dann die fortgesetzte Entdeckungs- und zugleich Konsolidierungsphase ausgerechnet im Kriegsjahr 1939 mit dem

Erscheinen der Anthologie „Ihr gelben Chrysanthemen", in der die österreichische Sinologin Anna von Rottauscher ungefähr 220 Übersetzungen klassischer japanischer Haiku vorlegte. Weitere Sammlungen anderer Autoren folgten in regelmäßigen Abständen, bald auch solche eigenständiger Art, leider jedoch mit einem gewissen Zug zu romantischer Naturlyrik.

1962 allerdings gelang, wiederum einer Österreicherin, Imma von Bodmershof mit ihrem Buch „Haiku" ein Standardwerk, das im Zusammenspiel mit der theoretischen Untermauerung durch ihren Ehemann das ästhetische Potenzial dieser japanischen Kurzform – freilich im traditionellen Sinne – wieder zurechtrückte (5-7-5-Silbenschema, Kigo, Kireji, Yoin).

An dieser Stelle sollten wir unseren Blick wieder global ausrichten, denn fortan befinden wir uns allgemein in der Periode des Bemühens um einen eigenen, landesspezifischen Zugang in Verbindung mit einer Konsolidierung und Popularisierung des Haiku. Letztere wurde alsbald – insbesondere international – enorm gefördert durch die neu zur Verfügung stehenden, überaus positiven Austauschmöglichkeiten mit der Erfindung des Internets. Als Fixdatum mag hierfür die Milleniumswende 2000 mit ihrem ersten Welt-Haiku-Festival in London dienen.

Aus der Überschau bleibt festzuhalten, dass das Haiku als solches – allgemein betrachtet – gleichsam erst nach dem 2. Weltkrieg wiederentdeckt wurde, und zwar sukzessive bei zunehmender, intensiver Beschäftigung mit dem Metier. Ausgangspunkt war die bereits erwähnte Haiku-Basisfibel des Reginald Horace Blyth. Weitere Standardwerke sollten folgen: 1972 veröffentlichte der spanische Japanologe Fernando Rodríguez-Izquierdo y Gavala sein grundlegendes Kompendium zur Geschichte des japanischen Haiku in Verbindung mit zahlreichen Übersetzungsbeispielen. 1973 gelang in den Niederlanden der Auto-Japanologin J. van Tooren ein nicht minder gelungener Wurf mit ihrem Orientierungswerk „Haiku – Een jonge maan" („Haiku – Ein junger Mond"). 1976 erschien ein ähnliches, bahnbrechendes Grundlagenwerk für den Balkanraum, verfasst von dem kroatischen

28

Japanologen Vladimir Devidé, und 1985 kam „The Haiku Handbook"
(„Das Haiku-Handbuch") des US-Amerikaners William J. Higginson her-
aus, um nur die wichtigsten Publikationen zu nennen.

Der daraufhin folgende beispiellose Siegeslauf des Haiku um die Welt lässt
sich wohl am einfachsten an den Gründungsdaten verschiedener, nationa-
ler Haiku-Gesellschaften ablesen: 1968 die AHS („American Haiku
Society" / „Amerikanische Haiku-Gesellschaft"), 1976 das HCV („Haikoe
centrum Vlaanderen" / „Haiku-Zentrum Flandern") und 1980 der HKN
(„Haiku Kring Nederland" / „Haiku-Kreis Niederlande"), welche seit
1981 gemeinsam den „Vuursteen" („Feuer-, Flintstein") als älteste, noch
existierende Haiku-Zeitschrift in Europa herausgeben; 1988 die DHG
(„Deutsche Haiku-Gesellschaft"), 1990 die BHS („British Haiku Society"
/ „Britische Haiku-Gesellschaft"), 1991 die „Rumänische Haiku-Gesell-
schaft", 1992 die „Kroatische Haiku-Gesellschaft", 1993 der „Haiku-Klub
‚Masaoka Shiki' Niš, stellvertretend für Serbien bzw. Jugoslawien, 2000 der
„Bulgarische Haiku-Klub" und erstaunlicherweise erst 2003 die AFH
(„Association Francophone de Haïku" / „Frankophone Haiku-Vereini-
gung"). Auch in Spanien existiert ein sehr reges, sogar stark akademisch
geprägtes Haiku-Leben; dennoch kam es bislang nicht zur Bildung einer
nationalen Gesellschaft. Und auch in den meisten lateinamerikanischen
Ländern gibt es zahlreiche aktive Haiku-Anhänger.

Einhergehend kam eine noch größere Fülle von Haiku-Zeitschriften auf
den Markt, wurden Veranstaltungen jeglicher Art organisiert: Haiku-Tref-
fen (Kukai), Haiku-Wanderungen (Ginko), Haiku-Vorträge, Haiku-Wett-
bewerbe, Haiku-Kongresse, Haiku-Festivals usw. usf. Und was alles im In-
ternet an Websites einzelner Organisationen, privater Haiku-Liebhaber, an
speziellen E-Zeitschriften, Foren, Blogs usw. aufrufbar ist, lässt sich kaum
mehr überschauen. So kann sich heute insbesondere mit Hilfe dieses Me-
diums jeder bei Bedarf problemlos nach Lust und Laune informieren und
austauschen. Somit ist das Haiku mehr als nur die wahrscheinlich kleinste
Gedichtform der Welt; es bedeutet mittlerweile vielen schon so etwas wie
ein Lebenselixier.

Literatur:

- Blyth, Reginald Horace: *Haiku*, 4 Bde., Tokio: Hokuseido Press,1949-52.
- Blyth, Reginald Horace: *A History of Haiku*, 2 Bde., Tokio: Hokuseido Press, 1963-64.
- Yasuda, Kenneth: *The Japanese Haiku: Its Essential Nature, History, and Possibilities in English, with Selected Examples*, Rutland (Vermont) und Tokio: Charles E.Tuttle Co., 1957.
- Henderson, Harold G..: *An Introduction to Haiku: An Anthology of Poems and Poets from Bash ō to Shiki*, Garden City (New York): Doubleday Anchor, 1958.
- Bodmershof, Imma von: *Haiku*, München: Langen und Müller, 1962.
- Rodríguez-Izquierdo, Fernando: *El haiku japonés – Historia y traducción*, Madrid: Ediciones Hiperión, S.L.,1972.
- van Tooren, J.: *Haiku – Een jonge maan*, Amsterdam: J. M. Meulenhoff bv, 1973.
- Devidé, Vladimir: Japanska haiku poezija I njen kulturno-povijesni okvir (Japanese Haiku Poetry and its Cultural and Historical Framework) Zagreb 1976.
- Higginson, William J. with Penny Harter: *The Haiku Handbook: How to Write, Share, and Teach Haiku*, Tokio: Kodansha, 1985.

Freitagabend: gemeinsames Abendessen

Peter Rudolf erwartet uns im Münchener Hofbräuhaus bei lauter Blechmusik:

im lauten Lokal
brauchen meine leisen Signale
viel zu lange

am Tisch gegenüber
die blau-weißen Haare
eine Spur zu blau

versprochen war er
der Kuss
versprochen war er

die Karawane
verdurstet hoffentlich nicht
während ich hier ertrinke

Brauhaus Berlin
nach Corona um sechs
tobt lautstark der Bär
Evelin Schmidt

Gesellschaftsabend
Schweigen bei Stimmungsmusik
in der Bierschwemme.
Sozialkino mit Lachen
und einem Augenzwinkern.

Johann Reichsthaler

Samstag, 14.05.2022

10 Uhr: Mitgliederversammlung

Kassenbericht
Ungereimtheiten
nicht auffindbar
Evelin Schmidt

Birgit Heid

Groß – artig

Kaum Verkehr am Samstagmorgen in Berlin. Unter den Linden bin ich fast allein. Ein preußischer Palast neben dem anderen. Erst später werde ich ihre Namen und Geschichte herausfinden, bis auf das Zeughaus, Schloss und Dom. Irgendwo muss auch das Auswärtige Amt sein. Schade eigentlich, dass so viel Prunk, das heißt materielle Repräsentanz, überhaupt erforderlich ist. Kunst am Bau wäre auch kleiner vorstellbar. Diplomaten bewegen sich meist mit Polizeibegleitung auf den Straßen. Auf der Spree fährt ein Polizeischiff.

Wachtposten
im Schatten des Flussrauschens
verliert sich ihre Spur

Auf alten Bildern der Boulevard mit Flaneuren und Kutschen. Arme Leute gab es hier entweder nicht oder sie wurden für die Bilder vertrieben.

zahnlose Bettlerin
ich habe sie
schon einmal gesehen

Sonntag, 15.05.2022
Im Haus für Poesie von 10 – 12 Uhr: Workshops und Kukai

Birgit Heid

Pars pro toto

Vollmond
heute Nacht schweigt
die Nachtigall

Ein ruhiger, sonnenklarer Sonntagmorgen. Die Jugendstilfigur an der U-Bahnstation Bülowstraße wird von der Sonne gestreichelt. Mein Weg führt mich entlang der Spree vom Weidenkai bis zur Museumsinsel. Als Kind habe ich gedacht, eine Insel sei ein schwimmendes Stück Land. Isoliert. Insofern finde ich den Begriff Insellösung unpassend. Ich weiß noch, wer es mir vor fünfzehn Jahren gesagt hat. Nein, alles ist mit allem verbunden. An einigen Museen wird gebaut. An der Promenade werden

Flohmarktstände errichtet. Der Hackesche Markt mit seinen noch leeren Nischencafés. In der beschaulichen Chroriner Straße fühle ich mich beheimatet. Einige Fußgänger sind mit Brötchenkäufen unterwegs. Über die Straße sind viele Fähnchenschnüre gespannt, die Anlieger scheinen gut miteinander befreundet zu sein.

Sitzgruppe
ein Efeuzweig rankt
um meine Beine

Wir sprechen darüber, wie sich Frauen- und Männertanka voneinander unterscheiden. Nach dem Workshop beschließe ich, mit Valeria eine bestimmte Street Art zu suchen. Tatsächlich finden wir sie. Ich fahre nach dem Abschied weiter nach Kreuzberg. Die Schlesische Straße Klein Bagdad mit viel Graffiti.

Sprühkopf
unser Gespräch über die
letzten Jahrzehnte

die Berliner Amseln
verjagen lautstark
die letzten Sterne
Peter Rudolf

Das Dunkel schwindet
und lauter Amselgesang
klingt hier in Berlin
genauso wenig hochdeutsch
wie dort, wo mein Zuhause.
Peter Rudolf

33

Tony Böhle

Ein Bericht zum Tanka-Workshop auf der MV 2022 in Berlin

Über 1.300 Jahre werden mittlerweile in Japan Tanka geschrieben und – immerhin – etwas mehr als 100 Jahre auch bei uns im Westen. Bei so einer vergleichsweise „jungen" Form, auf die permanent der lange, schwere Schatten ihres jüngeren Vetters namens Haiku fällt, ist es wenig verwunderlich, dass es im Umgang mit ihr noch einige Unsicherheiten und Berührungsängste gibt. Um etwas mehr Licht in dieses Dunkel zu bringen, fanden sich am Sonntagvormittag der Mitgliederversammlung acht Tanka-Freundinnen und -freunde zum gemeinsamen Workshop zusammen.

Konkrete Fragen der Teilnehmer und Teilnehmerinnen hatte es schon im Vorfeld genügend gegeben. Dabei stand zunächst die Abgrenzung zwischen Haiku und Tanka im Fokus. Neben dem augenfälligen Unterschied der Länge wurden besonders Aspekte der sprachlichen und inhaltlichen Gestaltung angesprochen und anhand praktischer Beispiele vertieft. So wurde diskutiert, wie sich z. B. der Unterschied zwischen der „Offenheit" im Haiku und der „Geschlossenheit" des Tanka verstehen lässt:

Was der Herbstwind kündet,
zeigt, der Worte kaum mächtig,
ein Kindchen – tränenüberströmt
Bashō[1]

Mein Herz, das dich liebt
ist in tausend Stücke
zerbrochen.
Doch bleibt es erhalten
in jedem einzelnen Splitter
zumi Shikibu[2]

---

[1]Dombrady, G. S.: Basho als Lehrer und sein Schüler Hokushi, Oriens Extremus Vol. 26, 1/2 (1979), S. 242–290.
[2]Sasaki, Yukitsuna; Klopfenstein, Eduard (Hg.) (2009): Gäbe es keine Kirschblüten … Tanka aus 1300 Jahren; Japanisch/Deutsch. 1. Aufl.: Philipp Reclam jun. Verlag GmbH, S. 65.

oder auch, worin sich der eher fragmentarische Haiku-Stil von dem novellistisch-narrativen des Tanka unterscheidet:

Der Körper zeigt sich
wie von einem Hof umgeben –
Heftiges Niesen
    Manabe Kureo[3]

Ich verabschiede
dich an der Tür, dann fällt mein
Blick unversehens
auf die Zahnpastatube,
heute mit neuer Delle.
    Machi Tawara[4]

Dazu gab es einige praktische Tipps für das eigene Schreiben an die Hand, auch was die häufigsten Fehler beim Schreiben von Tanka betrifft. Für einige Punkte, wie z. B. das inhaltlich-sprachliche Überladen zu vermeiden ist, stellte sich die Kombination aus der 25–31 Silben-Regel mit der 15–20 Wörter-Regel als sehr nützlich heraus. Andere, subtilere Probleme, wie die Wahl der richtigen Perspektive und Glaubwürdigkeit, wurden eingehender diskutiert. Zu den weiteren Punkten zählte u. a. der lange als unumstößlich geltende Aspekt der formellen Gestaltung in 31 Silben bzw. fünf Zeilen und wie der Aufbau eines Tanka auch abseits der klassischen Aufteilung zwischen Oberstollen und Unterstollen nach der dritten Zeile oder der Notierung in 5 Zeilen erfolgen kann.

Unter dem Motto „Quo vadis Tanka?" wurde anhand von Tanka aus Japan, den USA, Frankreich und Großbritannien ein bunter Streifzug durch aktuelle Trends, Themen und Entwicklungen unternommen, in denen sich Bezüge zur Popkultur und Digitalisierung ebenso fanden, wie Themen aus der Politik oder dem zwischenmenschlichen Kosmos.

---

[3]Ono-Feller, Masami; Klopfenstein, Eduard (Hg.) (2017): Haiku: Gedichte aus fünf Jahrhunderten; Japanisch/Deutsch. 1. Aufl.: Philipp Reclam jun. Verlag GmbH, S. 289.
[4]Tawara, Machi; Carpenter, Juliet Winters; van Starrex, Rudi (1990): Salad anniversary. 1. Aufl. New York, N.Y: Distributed in U.S. by Kodansha International/USA, S. 113 (Übersetzung: Christine Mitomi).

1001WIRSPR10ECHENÜBER0010ALTEÄNG1 01100STE0

Kato Jiro[5]

„Ich liebe dich" „Ich mag dich" auch ohne solche billigen Bekundungen
lasse ich mich von ihm ausziehen

Hayashi Amari[6]

Mai Kreuzfahrten
begegnen zu vielen Schiffbrüchigen
Mittelmeer
wie bewahrst du dir nur
deine bläulichen Schimmer?

Patrick Simon[7]

Halloween –
Der kleine Batman
in meinen Armen
sich kaum dieser Welt bewusst,
die Rettung braucht

Laura Maffei[8]

Zum Schluss gab es noch kurz die Gelegenheit für die Arbeit an eigenen Tanka und mit diesen am Mentoring teilzunehmen. Ein humoristisches Ergebnis war das Tanka von Cornelia Rossberg, das die Eindrücke des gemeinsamen Essens am Freitagabend im Hofbräuhaus verarbeitet:

Dieser Wirtshauslärm
lässt keine Unterhaltung zu …
Mein Stoßgebet
„Herr schick einen Stromausfall!"
– Gott kann es wohl nicht hören.

Cornelia Rossberg

---

[5]Katō, Jirō (2016): JIRŌ KATŌ. In: Jung Journal 10 (1), S. 27. (Übersetzung: Tony Böhle)
[6]Sato, Hiroaki. Japanese Women Poets: An Anthology (Japan in the Modern World (Hardcover)) (S.513). Taylor and Francis. (Übersetzung: Tony Böhle).
[7]Barouch, Valeria: Das Tanka international Teil VII – Patrick Simon. In: Einunddreißig, Bd. 19. Online verfügbar unter http://einunddreissig.net/files/31_Ausgabe_19.pdf, zuletzt geprüft am 18.06.2022.
[8]Wakan, Naomi Beth. The Way of Tanka (S. 38). Shanti Arts Publishing. (Übersetzung: Tony Böhle).

Schade, dass nur zwei Stunden für die Arbeit zur Verfügung standen, es hätte wohl noch genug Fragen, Diskussionen und Material für einen ganzen Tag gegeben. Eine Weiterführung als mehrtägiger Workshop für das nächste Jahr ist bereits in Planung.

Kukai mit Eleonore Nickolay

Kukai unterm Baum
der Schatten wandert
im Uhrzeigersinn
Evelin Schmidt

Kukai am Sonntag
Glocken läuten
den Wettbewerb ein
Evelin Schmidt

Eleonore Nickolay

MV-Kukai

Acht Teilnehmerinnen sitzen am Sonntagmorgen um zehn Uhr mit mir draußen in der Sonne um einen Tisch herum.

Zwei Haiku darf jede, auch ich als die Kukai-Leiterin, einbringen und auf je ein Kärtchen ohne Namensangabe schreiben. Die Karten sammle ich wieder ein, mische sie und verteile wieder je zwei an jede Teilnehmerin. Danach erhält jede ein Blatt und im Uhrzeigersinn der Sitzordnung der Teilnehmerinnen bekommt das Blatt eine Nummer von 1 bis 9. Jede kopiert nun die erhaltenen Haiku auf ihr Blatt. Die Haiku werden jeweils mit A und B gekennzeichnet.

Dann gibt es für jede noch ein weiteres andersfarbiges Blatt, auf das alle Haiku abgeschrieben werden können, die während der stillen Leserunde gefallen. Dann beginnt die Lektüre. Die Haiku-Blätter kreisen im Uhrzeigersinn. Jedes Haiku, das einem gefällt, wird abgeschrieben und mit seiner Blattnummer und seinem Buchstaben gekennzeichnet.

Nachdem alle Haiku gelesen sind, sammele ich die Haiku-Blätter wieder ein. Nun heißt es, aus der Vorauswahl drei Haiku auszuwählen und der Gruppe vorzutragen und dabei jeweils dessen Blattnummer und Buchstaben zu nennen, damit ich als Leiterin auf den entsprechenden Blättern, hinter dem entsprechenden Haiku einen Punkt eintragen kann. Wenn die Auswahl beendet ist, wird ein Haiku nach dem anderen kommentiert. Erst danach gibt die Autorin sich zu erkennen, kann selbst kommentieren oder auf Kommentare der Teilnehmerinnen eingehen.

So entsteht ein reger Austausch über jedes Haiku, über mögliche Interpretationen und seine Entstehung.

Und hier die Gewinner-Haiku:

6 Punkte:

Puppenhaus
sie wischt Staub
von Erinnerungen
Eleonore Nickolay

4 Punkte:

Hausrenovierung
im Garten ein neuer Teppich
Gänseblümchen
Eleonore Nickolay

Klosterkirche
die Dohlen im Turm krächzen
ihr eigenes Lied
Evelin Schmidt

3 Punkte:

Pflastersteine
beschriftet –
Ich stolpere

Rita Rosen

2 Punkte:

Auch für die Katz'
hinterlasse ich eine Nachricht
nach dem Piep

Willemina Preiß

Hitzewallung
Unter dem Fenster
Open Air

Renate Riehemann

der Briefkasten
vom Aussterben
bedrohte Art

Evelin Schmidt

1 Punkt:

Peonie
Zum Bewundern vom Käfer
Überholt

Valeria Barouch

Narzissen im März
der Waldboden wird
zum Sternenhimmel
Sylvia Hartmann

erster Frühlingstag
strahlende Sonne
der Busfahrer begrüßt mich
Rita Rosen

Josef Graßmugg

Der HAIGA-Workshop – ein persönlicher Rückblick

Die Voraussetzungen waren ideal! Ich fotografiere gerne und ich schreibe gerne Haiku. Mit der Anmeldung zum Haiga-Workshop im Rahmen der DHG-Mitgliederversammlung konnte ich also zwei Fliegen mit einer Klappe schlagen.

Die Wetterverhältnisse erlaubten unserer neunköpfigen Haiga-Gruppe das „Haus der Poesie" zu verlassen und ins Freigeländer der KulturBrauerei zu übersiedeln. Mit Claudia Brefeld als Workshopleiterin machten wir uns auf die Suche „Wo Haiku und Bild sich berühren".

Nach zwei Tagen, in denen wir von Haiku umgeben waren, lenkte Claudia unsere Konzentration zunächst auf die Bilder; besser gesagt auf „das Bild". Denn unabhängig davon, ob es sich um ein gemaltes Bild, eine Zeichnung oder ein Foto handelt – wesentlich ist der Bildaufbau. Für ein Haiga gibt es keine Vorgabe, dass Bild und Text von derselben Person stammen müssen. Bei mir ist es aber, wie schon eingangs erwähnt, meist der Fall.

Hinsichtlich Bildkomposition gab es sowohl Neues zu erfahren als auch die Bestätigung dafür, dass ich bisher vieles – oft unbewusst – richtig gemacht hatte.

Derzeit wird man bei vielen Themen dazu angehalten, global zu

40

denken. Allerdings stößt man dabei beim Haiga, aber auch schon beim Haiku, an Grenzen.

In Kulturkreisen, in denen die Schriftzeichen nicht von links oben verlaufend nach rechts unten gesetzt werden, gelten auch andere Voraussetzungen für den Bildaufbau.

Auch die von mir penibel eingehaltene 5-7-5-Schreibweise für Haiku ist nicht das Maß aller Dinge. Die (zumindest gelegentliche) Abkehr davon ist bereits eines der Workshop-Ergebnisse. Auslöser dafür war ein zufällig ausgewähltes Foto, zu dem ich im Praxisteil ein Haiku schreiben und damit ein Haiga aus dem Bild formen sollte.

Es ist mir nicht gelungen.

Dass es in einem Zeitrahmen von zwei Stunden schwierig ist, sich neues theoretisches Wissen anzueignen und dieses gleich praktisch umzusetzen, ist allerdings nicht ungewöhnlich.

Aber dank Claudias „Nachbetreuung" per E-Mail kam das angefügte Ergebnis zustande.

Die Wucht
Diese Stille...
Grashalme im Wind

Text: Josef Graßmugg und Foto: Claudia Brefeld

Die letzten Teilnehmerinnen und Teilnehmer reisen am Montag mit Auto, Bahn oder Flugzeug wieder nach Hause. Die Mitgliederversammlung, aber auch die Stadt Berlin, hinterlassen viele Eindrücke:

Brigitte ten Brink

Nutzung eines öffentlichen Verkehrsmittels

Ich steige in die U-Bahn zum Berliner Flughafen und schaue mich nach einem Sitzplatz um. Auf einem Dreierplatz quer zur Fahrtrichtung liegt zusammengekrümmt eine Frau. Sie wirkt ungepflegt, trägt jedoch eine Maske und hat die Sitzfläche, auf der sie liegt, sorgfältig mit Plastikbahnen abgedeckt. Sie scheint zu schlafen. Auf dem Boden vor der Bank hat sie ihr Hab und Gut in Tüten und Taschen abgestellt. An der nächsten Station steigt ein offensichtlich betrunkener, sehr schmuddeliger Mann ein, sieht die Frau und beginnt, sie laut zu beschimpfen, weil sie Sitzplätze blockiert. Die Frau blinzelt kurz, lässt sich aber nicht weiter stören. Die anderen Fahrgäste ignorieren diesen Auftritt geflissentlich. Schwankend schimpft der Mann noch ein Weilchen weiter und steigt an der nächsten Station aus. Ruhe und Ordnung sind wiederhergestellt.

träumen
auf der Reise ohne Ziel
Ausstieg rechts

Josef Graßmugg

Wenn die Vorzeichen stimmen, gibt es kein Zögern

Erst vor wenigen Wochen – oder waren es doch schon Monate? – hatte ich mich um die Aufnahme in die DHG beworben.
Und schon war die Einladung zur Mitgliederversammlung da. In Berlin!
Die Stadt, in der ich längst einige persönliche Kontakte auffrischen müsste.

Keine privaten Termine während der vorgegebenen Tage, keine Gründe, die einem Kurzurlaub entgegenstanden. Einer Reise in die bekannte Stadt zu – noch – unbekannten Menschen, stand nichts im Wege. Zwar nicht, wie ursprünglich geplant, mit dem Flugzeug, aber 900 Kilometer können auch als Bahnfahrt ein Genuss sein.

Flaschengrün am Tisch.
Baumgrün jenseits der Fenster.
Reisen mit dem Zug.

Die Ankunft in Berlin – ein schönes Gefühl. Neben Sehenswürdigkeiten, die ich von früheren Besuchen kannte, gab es auch viel Neues zu entdecken. Das Haus für Poesie in der „KulturBrauerei" am Prenzlauer Berg sollte für ein Wochenende unser Hauptdomizil sein. Die Wortkombination aus Kultur und Brauerei klang äußerst vielversprechend! Schon am Weg dorthin gab es einen ersten Leckerbissen für meine Neugierde.

Die Wahrheit gesucht.
Die Erkenntnis gefunden.
Im Märchenbrunnen!

Die Metamorphose von unbekannten Menschen zu gleichgesinnten Vereinsmitgliedern verlief unkompliziert. In diesen Tagen wurde das Wesen des Haiku nicht nur theoretisch behandelt. Es gab auch zahlreiche Kostproben davon zu hören. Weiters wurden mit der Neuwahl des Vereinsvorstandes die Hüter dieses Schatzes für die kommenden Jahre bestimmt.
Im Praxisteil gelang es mir mit Unterstützung von Claudia Brefeld sogar, den Stein der Weisen zu heben.
Berlin ist bekanntlich ein Magnet für internationale Kultur. Der Japan-Schwerpunkt beim Hanami-Kirschblütenfest in Kreuzberg war trotzdem etwas Besonderes. Der Besuch dieser Veranstaltung durfte zum Ausklang unseres Treffens nicht fehlen. Erwartungsgemäß konnte ich dabei nicht widerstehen, mich mit einem Hauch von Japan einzudecken.

Roter Kimono.
Kunstvoll gewickelter Stoff
statt zerfranster Jeans.

Vor der Heimreise blieben mir zwei Tage, um persönliche Kontakte auf-
zufrischen. Bei meinem nächsten Besuch in Berlin werde ich dafür mehr
Zeit einplanen müssen.

**Jede Dunkelheit
kann zur Finsternis werden.
Aber auch zu Licht!**

KreAktiv

„Ich ging im Walde so für mich hin …“. Zu einer Art lyrischem Spazier-
gang hatten wir Sie eingeladen, und eines der Ziele sollte sein: ein Haiku.
Kurzum: Ein Haiku zum Thema Wald hatten wir erbeten, und nach kur-
zem Rauschen im Blätterwald flatterten 24 Haiku in die Redaktionsstube.
Ein Haiku von **Gabriele Hartmann** erhielt in der anonymisierten Wer-
tungsrunde schließlich die meisten Punkte. Wir gratulieren! Das Haiku
lautet

schwindendes Licht
der alte Förster memoriert
Baumnamen

Ein Haiku, so dürfen wir es lesen, das den Wald als inspirierenden Aus-
gangspunkt nimmt, denn der Ort kommt nicht zur Sprache, dann jedoch
eine neue Richtung wählt und weiterführt zu einem zweiten Thema: dem
Älterwerden, der Vergänglichkeit. So scheint uns aus der ersten Zeile so-
gleich „schwindendes Licht" entgegen, ein Licht wie zu Tagesende, etwas
vergeht, eine Zeit läuft ab. Der Förster ist „alt" somit auch im (Spät-)Herbst
seines Lebens, und er „memoriert Baumnamen". Das mag auf den ersten
Blick irritieren, dem Schreiber dieser Zeilen erging es jedenfalls so, doch
spürt man sogleich das innere Gefüge, die inneren Zugehörigkeiten und
Zusammenhänge. „der alte Förster memoriert Baumnamen". Warum ei-
gentlich? Als erfahrener Experte sollten ihm die Namen der Bäume doch
geläufig sein. Zu vermuten und zu befürchten ist, dass der Förster nicht
mehr im Vollbesitz seiner geistigen Kräfte ist, er ist krank, die Kräfte
schwinden wie das Licht in Zeile eins. Hier taucht es zum zweiten Mal auf,
das Motiv der Vergänglichkeit. Das ist poetisch schon gut erschaffen, wäre
allein aber noch nicht gut genug. Und so tritt uns etwas Weiteres entgegen,
etwas Gegenläufiges, Gegensätzliches, das dem Haiku eine innere Span-
nung gibt und es ins Meisterliche hebt: Es ist das Aufbegehren, das Sich-

zur-Wehr-setzen, die Weigerung, sich dem Schicksal (der Erkrankung) einfach zu ergeben. Diese Weigerung findet Ausdruck im Memorieren, einem Erinnerungstraining, das dem Verfall trotzig entgegengesetzt wird. Dass sich diese Gegenwehr der Überlegenheit des Vergänglichen eines Tages wird beugen müssen, denn alles ist unentrinnbar vergänglich, mischt den Zeilen noch ein tragische dunkle Note bei. Das Haiku selbst indes leuchtet hell als ein Kleinod seiner Gattung.

Kommentiert von Horst-Oliver Buchholz

Noch sechs weitere Haiku, die wir hier gerne vorstellen, wurden als gut gelungen gewertet.

nach dem Regen
durch das Blätterdach
fällt ein Sonnenstrahl
Hildegard Dohrendorf

Wandlung
mich wiederfinden
als Birke
Ilse Jacobson

Waldesruh
über den Wipfeln kreist
ein Windrad
Sigrid Mertens

bald ganz verschwunden
unter dem Efeu im Wald
das steinerne Kreuz
Marie-Luise Schulze Frenking

waldlichtung
ich übe achtsamkeit
aber dieses summen
Tobias Tiefensee

Waldbaden
eine knorrige Eiche
wird umarmt
Friedrich Winzer

Alle Einsendungen werden vollständig auf der Website der Deutschen Haiku-Gesellschaft unter www.haiku.de/sommergras-138 veröffentlicht.

Aufruf

Einladung: ein Haiku zum Thema „Zwischentöne"

Wenn dieses Heft erscheint, in den ersten Septembertagen, liegt der Sommer schon hinter uns, doch der Herbst hat noch nicht so recht begonnen. Es ist eine Zeit des Zwischendrin, des Übergangs, mit ganz eigenen Reizen. Reizt Sie das vielleicht als Thema für ein Haiku? Es würde uns freuen. Und so laden wir Sie ein, ein Haiku zu dichten zum Thema **„Zwischentöne"**. Das müssen nicht die Jahreszeiten sein, sie können auch buchstäblich aus der Musik herausklingen, die Zwischentöne, oder aus einem anderen Bereich von Erlebtem und Erfahrenem. Wir sind gespannt und freuen uns auf Ihr Haiku.

redaktion@sommergras.de
Stichwort: Haiku KreAktiv

einfach mitgenommen

Lesesonntag

Seite für Seite

Foto: Claudia Brefeld und Haiku: Bernadette Duncan

Haiku-Kaleidoskop

Klaus-Dieter Wirth

Das Haiku als Zweizeiler

Nur hin und wieder begegnet einem, ähnlich wie im Falle eines Vierzeilers[1], das Haiku – abweichend von seiner üblichen dreizeiligen Struktur – auch als Zweizeiler. Und hier wie da bleibt festzustellen, dass es nur in Ausnahmefällen zu überzeugenden Ergebnissen kommt. Woran liegt das?

Zunächst gerät ein derartiger Doppelvers allzu schnell in Gefahr, mit einem Epigramm verwechselt zu werden, das nämlich aufgrund seiner langen, gewachsenen Historie eine deutliche Vorrangstellung einnimmt. Schon zur Zeit seines ersten Auftretens in der frühen griechischen Antike meistens in der Form eines Distichons gehalten, tauchte es anfänglich als kurze, erklärende Inschrift auf Grabmalen, Monumenten, Kunstwerken und Gebäuden auf, ehe es sich fortlaufend bis hin in die Neuzeit zu einer selbstständigen Gattung der europäischen Literatur entwickelte. Daher überrascht es auch nicht, dass man das Haiku, welches erst zu Beginn des 20. Jahrhunderts für die westliche Welt entdeckt wurde, ohne Weiteres mit dem Epigramm gleichsetzte.

Ein allgemeineres Gegenargument liefert die Literaturwissenschaft[2], die zu dem Ergebnis kommt, dass die Versstruktur das einzig wesentliche Merkmal eines Gedichttextes sei, welches es erlaubt, ihn von anderen literarischen Formen zu unterscheiden. In diesem Zusammenhang spielt wohl auch der Wiedererkennungswert schon bei der ersten Inaugenscheinnahme eine Rolle.

---

[1]Vgl. Sommergras, Nr. 137, S. 9

[2]Lamping, Dieter: Das lyrische Gedicht. Definitionen zu Theorie und Geschichte der Gattung, Göttingen (Vandenhoeck und Ruprecht) [3]2000 Burdorf, Dieter: Einführung in die Gedichtanalyse, Stuttgart (Slg. Metzler) [3]2015

Auf das Haiku selbst bezogen geht überdies sein wesentlichstes Charakteristikum verloren, die Asymmetrie, nicht nur die zwischen seiner dreiteiligen Form und seinem zweiteiligen Inhalt, was für ein ganz besonderes Spannungsverhältnis sorgt, sondern auch die des Ungleichgewichts allein beim Inhalt selbst, dessen endgültige Bedeutung sich letztlich erst aus dem Zusammenspiel von zwei verschieden langen Einheiten ergibt. Die Wichtigkeit dieses Strukturmerkmals wird auch durch das belegt, was Jane Reichhold als „Fragment and Phrase Theory"[3] herausgearbeitet hat. Es betrifft die Beobachtung, dass in einem Haiku generell entweder meistens die erste Zeile im Sinne einer situativen Einführung separiert erscheint oder – seltener – die letzte im Sinne einer gewissen Zusammenfassung, damit beide eher als syntaktische Fragmente anzusehen sind, während die verbleibende Doppelzeile grundsätzlich mehr einer satzmäßig eingerichteten Aussage gleichkommt.

Sobald sich außerdem das Augenmerk primär auf das zwar grundsätzlich wichtige Bauelement der Juxtaposition, des Nebeneinanderrückens zweier inhaltlicher Aussagen, richtet, führt das zwangsläufig zu einer Parallelstruktur, die wiederum der besagten, essentiellen Asymmetrie zuwiderläuft. Meistens kommt dabei in eins auch der zusätzlich erwartete Überraschungseffekt zu kurz.

Bei all dem darf prinzipiell nicht vergessen werden, dass ein zweizeiliges Haiku als solches in der klassisch japanischen Praxis sozusagen inexistent ist. Entsprechende Beispiele sind vielmehr erst der westlichen Rezeption mit ihren in Richtung Epigramm missverstandenen Übersetzungsversuchen zu verdanken. Als frühe Beiträger wären etwa Lafcadio Hearn (1850–1904), ein Schriftsteller irisch-griechischer Abstammung, zu nennen oder Asataro Miyamora, der noch 1932 eine bedeutsame Sammlung japanischer Haiku ausschließlich in zweizeiligen Übersetzungen veröffentlichte.

---

[3]Reichhold, Jane: Writing and Enjoying Haiku – A Hands-on Guide, Tokyo-New York-London (Kodansha International) 2002, S. 31 ff.

Dass ein Haiku es als Zweizeiler jedoch grundsätzlich schwer hat, als gelungen anerkannt zu werden, mag etwa folgendes Beispiel belegen, das einer Sammlung[4] in rumänischer, französischer und italienischer Sprache mit insgesamt 360 „Haiku" von 19 Autoren entnommen wurde:

montagnes en habit de givre   Berge in frostigem Gewand
elle aime le parfum des forêts   sie liebt den Duft der Wälder

    Éméraude Dumont-Couturier

Es bedarf wohl kaum eines Kommentars, dass dem Haiku mit einer solchen Auffassung kein Dienst zu erweisen ist, insbesondere mit einer derart desorientierten, formalen Gestaltung.

Wenn ein zweizeiliges Haiku gelingen soll, bedarf es in jedem einzelnen Fall einer immanenten, sozusagen verborgenen Motivation, die nicht nur die ungewöhnliche Verkürzung erklärt, sondern dieselbe zum Erreichen einer Vertiefung der Aussage geradezu notwendig macht – ein umso schwereres Unterfangen!

Im japanischen Bereich, seit eh und je stark in der Tradition verankert, eröffnete sich erst in neuerer Zeit mit dem Aufkommen des *jiyûritsu haiku*, dem Haiku in freier Form, die Möglichkeit, dass auch Kurzverse eine gewisse Popularität erlangen konnten. Hier taten sich vor allem Taneda Santôka (1882–1940) und Ozaki Hôsai (1885–1926) hervor:

karasu naite / watashi mo hitori   Schreiende Krähe –
                             auch ich, vollkommen allein[5]

seki o shite / mo hitori   selbst wenn ich huste,
                             bin ich allein[6]

---

[4]Tudor, Doina-Maria: Poèmes d'hiver, Bucuresti 2019
[5]Übersetzung von Robert F. Wittkamp
[6]Eigene Übersetzung nach einer englischen Version von Ueda

In beiden Fällen spiegelt die sprachliche Aussparung gleichsam optisch das
Gefühl tief empfundener Vereinsamung wider; im folgenden Beispiel eher
die Trostlosigkeit:

yesterday's rain   der gestrige Regen
all day[7]   den ganzen Tag
    Duro Jaiye (JP)

Unmittelbarer bietet sich ein Doppelvers generell in Fällen der direkten
Abbildung des Inhalts auf die Form an, und zwar hinsichtlich einer Zwei-
heit oder Parallele bzw. Trennung oder Teilung:

halving the night   halbiert die Nacht
the train's whistle   der Pfiff des Zugs
    Alan S. Bridges (US)

wind in the wheat   Wind im Weizen
wheat in the wind   Weizen im Wind
    Mike Dillon (US)

switching off the lights das Ausschalten der Lichter
switching off the shadows das Ausschalten der Schatten
    Ruby Spriggs (CA)

Partageant une glace   Sich ein Eis teilend
Ta bouche – ma bouche   Dein Mund – mein Mund
    Dany Albarèdes (FR)

---

[7]Übersetzer unbekannt

Les notes du saxophone	Die Noten des Saxophons
les feuilles du platane	die Blätter der Platane

Daniel Py (FR)

Meistens, ja sogar viel zu oft, wird allerdings zu einem Zweizeiler gegriffen, ohne dass irgendein erkennbarer Beweggrund auszumachen ist, vielleicht nur, weil man es schicker findet. Dabei stellt sich häufig heraus, dass der Text, als Dreiteiler eingerichtet, sogar rhythmisch wie auch vom Effekt her deutlich dazugewinnen würde. Das ist vor allem dem Zeilensprung zu verdanken, der ein schnelles Darüberhinweglesen verhindert, indem er den Redefluss kurz für eine gewisse Rückbesinnung auf die bisherige Aussage anhält und durch dieses Anlüften den insbesondere für das Haiku so wichtigen Überraschungmoment vorbereiten hilft.

Nachfolgend Beispiele, die belegen mögen, wie viel an Mehrwert mit einer dementsprechenden Umstrukturierung zu einem dreiteiligen Haiku erreicht werden kann:

Silence	Stille
sous le poids du soleil	unter dem Gewicht der Sonne

Louis Calaforte (FR)

Silence	Stille
sous le poids	unter dem Gewicht
du soleil	der Sonne

between two oaks –	zwischen zwei Eichen –
the whole of summer	der ganze Sommer

Andrew Detheridge (GB)

between two oaks –	zwischen zwei Eichen –
the whole	der ganze
of summer	Sommer

helicopter –
poets glance at the ceiling
 Frank Dullaghan (GB)

Hubschrauber –
Dichter blicken zur Decke

helicopter –
poets glance
at the ceiling

Hubschrauber –
Dichter blicken
zur Decke

noises from the bottom
baby listens with a frown
 Judith Henjes (GB)

Geräusche von unten
Baby lauscht mit gerunzelter Stirn

noises from the bottom
baby listens
with a frown

Geräusche von unten
Baby lauscht
mit gerunzelter Stirn

croaky karaoke
frogs drunk on moonlight
 Phil Maddoen (GB)

heiseres Karaoke
Frösche trunken vom Mondlicht

croaky karaoke
frogs drunk
on moonlight

heiseres Karaoke
Frösche trunken
vom Mondlicht

deep in barn shadows
the owl's white face
 Marian Olson (US)

tief im Scheunenschatten
das weiße Gesicht der Eule

deep in barn shadows
the owl's
white face

tief im Scheunenschatten
der Eule
weißes Gesicht

fog filled valley   nebelverhangenes Tal
the shape of a dog's bark   die Form eines Hundegebells

    Joe Robello (US)

fog filled valley   nebelverhangenes Tal
the shape   die Form
of a dog's bark   eines Hundegebells

dogs still piss   Hunde pinkeln immer noch
where the tree used to be   wo früher der Baum stand

    Karen Sohne (US)

dogs still piss   Hunde pinkeln immer noch da,
where the tree   wo der Baum
used to be   mal stand

touffeur   Schwüle
la nuit stridule   die Nacht zirpt

    Danièle Duteil (FR)

touffeur   Schwüle
la nuit   die Nacht
stridule   zirpt

dormant les poings fermés   noch im Schlaf mit geballten Fäusten
mon fils rebelle   mein rebellischer Sohn

    Paul de Maricourt (FR)

dormant   noch im Schlaf
les poings fermés   mit geballten Fäusten
mon fils rebelle   mein rebellischer Sohn

aube
les choses se nomment
    Marcel Peltier (BE)

Morgendämmerung
die Dinge nehmen Namen an

aube
les choses
se nomment

Morgendämmerung
die Dinge
nehmen Namen an

atrapada entre las manos
la luz de la luciérnaga
    Juan Carlos Moreno Plaza (ES)

gefangen zwischen den Händen
das Licht des Glühwürmchens

atrapada
entre las manos la luz
de la luciérnaga

gefangen
zwischen den Händen das Licht
des Glühwürmchens

auf dem Totenbett
er lässt sich berühren
    Barbara Hagemann (DE)

auf dem Totenbett
er lässt sich
berühren

Fronturlaub
die Sprache zieht sich zurück
    Ilse Jacobson (DE)

Fronturlaub
die Sprache zieht sich
zurück

altes Album
Sie blättert ein Schmunzeln um
    Angelica Seithe (DE)

altes Album
Sie blättert ein Schmunzeln
um

Insbesondere bei den drei letzten deutschen Beispielen lassen sich überdies die Vorteile einer Nutzung der Formsprache erkennen.[8]

Fazit: Bei sorgsamer Überprüfung aller Kriterien ist nur in ganz wenigen Ausnahmefällen noch eine Daseinsberechtigung für ein Haiku als Zweizeiler vertretbar!

Haiga: Gabriele Hartmann

---

[8]Vgl. *Grundbausteine des Haiku* im *Sommergras* Nr. 133 und 134, 2021

Eleonore Nickolay

Die französische Ecke

In der 76. Ausgabe von GONG, der Vierteljahresschrift der frankophonen Haiku-Gesellschaft (AFH) geht es im Themenblock dieses Mal um die Pflanzenwelt. Anne-Marie Käppeli erzählt sehr eindrücklich von ihrer Verbundenheit mit der Flora. Ausgehend von der Traditionellen Chinesischen Medizin, in der Pflanzen unter dem Begriff „Holz" zusammengefasst sind, stellte der erste Stempel ihrer Kalligrafie eine Weide dar. Als Kind pflegte sie ihre Puppen unter einer Trauerweide gesund. Iocasta Huppen wartet mit einer Aufstellung klassischer Haiku auf, die Pflanzen und Blumen thematisieren. Josette Pellet erzählt in Haibun-Form ein Märchen über eine Kröte und den Bärlauch. Der Mail-Austausch zwischen France Cliche aus Quebec und dem in Tokio lebenden Franzosen Romuald Mangeol über Rhododendron und Hibiskus ist so kurzweilig wie vielsagend, drücken die Blumen doch auch sehr viel über deren Besitzer aus. Lucien Guignabel schildert die Symbolkraft der Pflanzenwelt an Haiku-Beispielen, Louise Dandeneau schreibt eine Hymne auf den Wald und geniert sich nicht, eine Eiche zu umarmen. Noch intimer ist das Verhältnis von Françoise Naudin-Malineau zu ihrem Quittenbaum, mit dem sie sich nahezu identifiziert. Ähnlich intensiv schildert Sprite London ihre Schnitzarbeit an einem Stock, gefolgt von einem Haibun von Bertrand Nayet über eine Wanderung in Quebec, am *Rivière Rouge* entlang. Jean Antonini schließt den Reigen mit einem fiktiven Gespräch mit Bashō über die Blumenwelt.
    Und hier einige von der Jury ausgewählte Haiku zum Thema.

herbe de printemps
mes pas
de plus en plus courts
    Daniel Birnbaum

Frühlingsgras
meine Schritte werden
immer kürzer

dans les hautes herbes
une pivoine s'épanouit
– maison à vendre

    Dominique Borée

im hohen Gras
erblüht eine Pfingstrose
– Haus zu verkaufen

fin de récolte
au fond du jardin le silence
du cerisier

    Gérard Dumon

am Ende der Ernte
tief im Garten die Stille
des Kirschbaumes

plus rien au monde
que nos nez dans la glycine
le bourdon et moi

    Isabelle Freihuber-Ypsilantis

nichts mehr auf der Welt
als unsere Nasen in der Glyzinie
die Hummel und ich

Prairie au printemps
Les pâquerettes se fondent
A la Voie Lactée

    Patrick Gillet

Wiese im Frühling
Die Gänseblümchen verschmelzen
Mit der Milchstraße

La haie d'églantiers
efface même son ombre
un ami s'en va

    Lucien Guignabel

Die Hagebuttenhecke
tilgt selbst seinen Schatten
ein Freund geht davon

Acacias en fleurs
L'odeur de tes lèvres
après les beignets

    Monique Leroux Serres

Akazienblüte
Der Duft deiner Lippen
nach den Krapfen

brise parfumée
dans l'allée des tilleuls
un after-shave

    Agnès Malgras

duftende Brise
in der Lindenallee
ein Aftershave

dans le caniveau	im Rinnstein
filant avec les détritus	mit dem Abfall fließen
des pétales de fleurs	Blütenblätter fort

    Kristian Pawulak

même fanée	sogar verblüht
douceur au creux de la main	Süße in der Hand
fleur de nigelle	Schwarzkümmel-Blume

    Charline Siciak-Nicaud

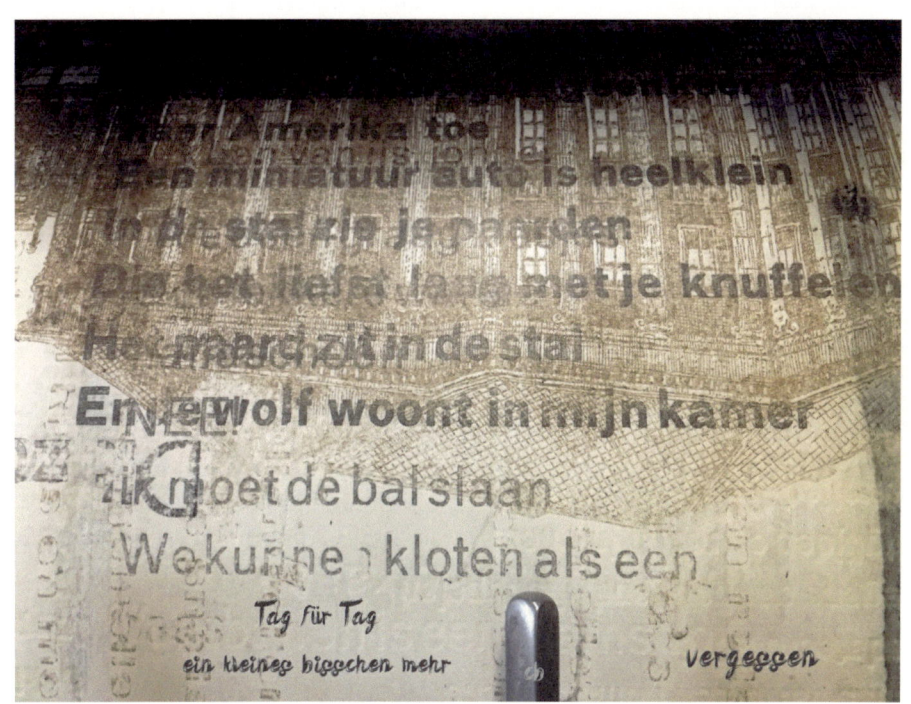

Haiga: Christof Blumentrath

Neue DHG-Mitglieder

Neue Mitglieder in der DHG

im ersten Halbjahr 2022 – alphabetisch zusammengestellt von Thomas Opfermann

Folgende neue Mitglieder heißen wir herzlich willkommen und freuen uns, sie mit zwei eigenen Texten hier an dieser Stelle vorstellen zu können:

Sandra Faby aus Stuhr/Niedersachsen

ein weißer Stein
dieser entwurzelte Baum
gibt ihn wieder frei

alle geistreichen Worte
zerschellen ungehört
am hassenden Despoten Ohr

Hartwig Gleim aus Neu-Isenburg/Hessen

Ich lese leise
tief beschwärzt durch die Krisen
die Fliege liest mit

Der eingewehte Hund
unter der Strandliege,
er kennt keine Zeit

Harry Kalinowsky aus Tostedt/Niedersachsen

Verdorrte Kirschen
Sich versteckend unterm Blatt
Baumlast die vergeht

Hörgerät am Ohr
Platzen kleinster Bläschen – Wow
Stille war gestern

Matthias Mala aus München/Bayern

Weit hinausschwimmen
Der Spur der Sonne folgen
Am Strand einschlafen.

Reise weit zurück
Um Leichen auszugraben
Psychotherapie.

Uwe Martens aus Edewecht/Niedersachsen

am abend stirbt
das licht die hoffnung
erwacht im traum

draußen der regen
stilles surren zeugt
von ladeweile

Kamil Plich aus Lübeck/Schleswig-Holstein

ich denke an seine Küsse
ein Karpfen
verspottet mich

Herbst
die bekannte Plastiktüte
zwischen den Ästen

Katja Schröder aus Vechelde/Niedersachsen

In Deinen Armen -
mein Kopf unter Deinem Kinn,
dem Herzschlag lauschend.

Worte sagen kaum,
was Herz und Seele fühlen,
wenn Du bei mir bist.

Monika Seidel aus Riedstadt/Hessen

Am Boden liegend
die Schneeglöckchen
herbeischauen

Die Kindheitsfreunde
Zum Abschied versammelt
Vor dem Bücherschrank

Hans Peter Teuchmann aus Wien/Österreich

Hier kann ich bleiben
der Seewind sorgt für Ordnung
Fische gibt es auch

Über den Dächern
die Bühne im Sonnenlicht
Tanz der Rauchschwaden

Stefanie Wichert aus Salzbergen/Niedersachsen

ruhiger Nachmittag   Pusteblumen
die Zeichen am Himmel   wunschbereit
lösen sich auf   ein Windhauch

Tag- und Nachtgleiche
wir wachsen
der Reifung entgegen

Angelika Holweger

Haiga: Angelika Holweger

HaiQ

von Claudia Brefeld und Thomas Opfermann
(Wir freuen uns auf Ihre Beiträge. Bitte an: haiq@haiku.de)

Auch für diese Ausgabe erreichten uns einige Einsendungen. An dieser Stelle eine persönliche Überlegung von **Traude Veran**:

„Die Idee von Peter Rudolf ‚drei Zeilen – drei Wörter' hat mich elektrisiert. Sprachbasteln ist für mich einfach unwiderstehlich. Wahrscheinlich bin ich aber gerade nicht in der richtigen Haiku-Stimmung, also versuche ich etwas anderes:

Was kommt denn im neuen SOMMERGRAS so alles an Fünf- und Siebensilbern vor? Ich überfliege die Seiten nur und werde trotzdem fündig:

7:

Neuveröffentlichungen, Nationalbibliothek, Auswahlbibliografie, Literaturzeitschriften, Kommunikationsarten, Gestaltungselemente, Definitionsversuche, Märchenerzählerinnen

5:

Modalitäten, Vierteljahresschrift, kontraproduktiv, Sensibilität, imaginäres, Kongressberichte, Neologismen, Hototogisu, Verhaltensweisen, zusammenwachsen, blumenbedeckte, charakteristisch, unveröffentlicht, Jurymitglieder, Schaufensterscheiben, Kettengedichte, beeindruckende, deprimierende

Und was fällt mir dabei auf?

– Viel mehr Fünfer als Siebener (no na!, triviale Erkenntnis); Fünfer könnte ich aus diesem Heft noch viel mehr heraussuchen.

– Gleiche Silbenzahl / unterschiedliche[5] Wortlänge – ist nur ein Nebenprodukt dieser Überlegungen[5]. Ich wies schon einmal in einem Artikel darauf hin, dass das beim Haiku-Dichten und -übersetzen zu

Problemen führen kann. (*Ein Blümchen – ein Haiku – viele Fragen,* in: *Lotosblüte* 2015, S. 31 ff.). Je weniger Silben, desto unterschiedlicher[5]. Bei den Siebenern gleicht es sich fast schon aus.

– Fast lauter Nomen. Die vorliegende Auswahl ist fürs Dichten nicht besonders geeignet.

Und jetzt fällt mir doch noch ein Haiku ein. Nein, Haiku ist es keines, aber die Silben stimmen:

> siebenundzwanzig
> Balladendichterinnen
> rivalisierend

Vielleicht sieht das aus wie Herumgeblödel, aber die Idee hat was, ich werde mich sicher noch ausführlicher damit beschäftigen. Und was auf den ersten Blick banal erscheint, könnte im Verlaufe der Arbeit doch noch etwas bringen.

Und hier noch zwei weitere HaiQ aus Traude Verans Feder:

> Holunderblüten
> Honigbienengesumme
> Sommerduftwellen

> Frittatensuppe
> Mangalitzaschweinebauch
> Erdäpfelsalat

Sowie ein weiteres Beispiel von **Saskia Ishikawa-Franke**:

> Kursleiterin.
> Gehirnschlag. I Ic Ich
> sprechen lernen.

Schreiben Sie uns Ihre Meinung zu den bisher abgedruckten HaiQ in SOMMERGRAS. Welche Beispiele halten Sie für experimentell und gelungen, welche überschreiten aus Ihrer Sicht Grenzen – und warum?

Anhand eines beispielhaften HaiQ kann man in einer Besprechung verdeutlichen, wo man diese Grenzen beim Haiku-Schreiben sieht.

Ausdrücklich möchten wir zu kontroversen Meinungen und Überlegungen ermuntern. Nur im Austausch können wir unsere eigenen Kriterien und No-Gos überprüfen – und eventuell neu überdenken.

Gibt es aus Ihrer Sicht Themen oder Begriffe, die beim Haiku-Schreiben tabu sind?

Wir freuen uns auf Ihr Feedback und insbesondere weitere Ideen und Themenwünsche!

Foto: Christof Blumentrath und Haiku: Brigitte ten Brink

Kompakt

Haben Sie immer schon mal einen Begriff rund ums Haiku gehabt, zu dem Sie gerne etwas mehr erfahren würden? Dann schreiben Sie an die Redaktion oder an post@claudiabrefeld.de

Claudia Brefeld

Ensō
(Anfrage eines DHG-Mitglieds)

Das Ensō (円相) ist ein Symbol aus der japanischen Kalligrafie, bedeutet Kreis und ist ein Konzept, das eng mit dem Zen-Buddhismus verbunden ist (an dieser Stelle sei *shodō*, der Weg des Schreibens, erwähnt). Ensō ist also kein Schriftzeichen, gilt jedoch als eines der häufigsten Themen der Kalligrafie. Als Symbol für Erleuchtung, Stärke, Eleganz, das Universum und die Leere steht es wie kein anderes in der zenbuddhistischen Malerei für den Zustand des Geistes im Augenblick des Erschaffens: Der Pinselstrich des Kreises wird in einer einzigen Bewegung auf Seiden- oder Reispapier ausgeführt – es gibt also keine Möglichkeit der Abänderung oder Korrektur. Er gilt als Ausdruck des Moments und wird auch als eine Form der expressionistischen Kunst betrachtet.

Das Ensō kann jedoch auch die japanische Ästhetik an sich widerspiegeln, die als wichtigen Aspekt das Prinzip *fukinsei* (不均斉), die Ablehnung der Perfektion, beinhaltet. Dahinter steht der Gedanke, dass es den idealen Zustand von Perfektion nicht gibt und auch keine vollkommene Symmetrie in der Natur. Stattdessen ist alles in Balance! *Fukinsei* gehört übrigens zu einem der sieben Prinzipien des *wabi sabi* (neben *kanso* – Einfachheit, *shibumi* – die Schönheit des Unauffälligen, *shizen* – Natürlichkeit, *yūgen* – subtile Anmut, *datsuzoku* – Freiheit von Gewohnheiten, *seijaku* – Stille, Ruhe).

Bankei Yōtaku (1622–1693), einer der bekanntesten japanischen

Rinzai-Zen-Meister seiner Zeit, verwendete oftmals zwei Striche, um so der Form eine völlig neue Bedeutung zu geben. Wie in einer Umarmung umschließen die beiden Pinselstriche einander, evozieren so den Eindruck von Leere als auch Vollkommenheit.

In der Zen-Tradition steht das Ensō für den Moment, in dem das Bewusstsein frei ist, um den Körper und Geist einfach erschaffen zu lassen. Diese spirituelle Praxis zur Selbstverwirklichung wird als *hitsuzendō* (筆禅道), Zen-Weg mit dem Pinsel, bezeichnet. Klar und leer von allen Gedanken und Erwartungen, ist der Geist offen, sodass sich der Augenblick auf natürliche Weise entfalten kann. Ein Körper, ein Pinsel, Tinte und Papier – was bleibt, ist eine visuelle Darstellung dieses einen Moments.

Spiegelbildlich betrachtet ist auch ein Haiku nicht nur gegenständlich, sondern umreißt ebenfalls einen ganz konkreten Moment, der erst im Lesen und Nacherleben vollendet wird. Eine große Nähe zum Zen ist erkennbar, denn die Betonung liegt auf „im Moment zu sein". Zudem ist die Kürze des Haiku eine Reflexion der zenbuddhistischen Philosophie.

Hier schließen sich die Kreise und eröffnen gleichzeitig einen besonderen Raum – das Erleben des gegenwärtigen Augenblicks.

Quellennachweise:

–   Audrey Yoshiko Seo (2007): Ensō: Zen Circles of Enlightenment. Weatherhill, Boston & London. ISBN-13: 978-0-834805-75-0

–   Johnson Museum of Art – Enso: https://museum.cornell.edu/collections/asian-pacific/japan/enso (09.07.2022)

–   Zen Art of Enlightenment: https://www.zenartofenlightenment.com/blog/blog_posts/hitsuzen-do-the-way-of-the-zen-brush (09.07.2022)

Auswahlen

Die Haiku- und Tanka-Auswahl Juli 2022

Es wurden insgesamt 232 Haiku von 76 Autoren und 50 Tanka von 24 Autoren für diese Auswahl eingereicht. Einsendeschluss war der 15. Juli 2022. Diese Texte wurden vor Beginn der Auswahl von mir anonymisiert.

Jedes Mitglied der DHG hat die Möglichkeit, eine Einsendung zu benennen, die bei Nichtberücksichtigung durch die Jury auf einer eigenen Mitgliederseite veröffentlicht werden soll.

Eingereicht werden können **nur bisher unveröffentlichte Texte** (gilt auch für Veröffentlichungen in Blogs, Foren, inklusive die Foren auf HALLO HAIKU, sozialen Medien und Werkstätten etc.).

Bitte keine Simultan-Einsendungen!

Bitte **alle** Haiku/Tanka **unbedingt gesammelt in einem Vorgang** in das Online-Formular auf der DHG-Webseite HALLO HAIKU selbst eintragen:

https://haiku.de/haiku-und-tanka-auswahl-einreichen/

Ansonsten per Mail an:
auswahlen@sommergras.de

Der nächste Einsendeschluss für die Haiku-/Tanka-Auswahl ist der 15. Oktober 2022.

Jeder Teilnehmer kann bis zu **sechs** Texte – **drei** Haiku und **drei** Tanka – einreichen.

Mit der Einsendung gibt der Autor/die Autorin das Einverständnis für eine mögliche Veröffentlichung in der DHG-Haiku-Agenda, auf http://www.zugetextet.com, sowie für eine mögliche Vorstellung auf der Website der Haiku International Association.

Haiku-Auswahl

Die Jury bestand aus Reinhard Dellbrügge, Deborah Karl-Brandt und Tobias Tiefensee. Die Mitglieder der Auswahlgruppe reichten keine eigenen Texte ein.

Alle ausgewählten Texte – 41 Haiku von 33 Autoren – werden in alphabetischer Reihenfolge der Autorennamen veröffentlicht. Es werden maximal zwei Haiku pro Autor aufgenommen.

„Ein Haiku, das mich besonders anspricht" – unter diesem Motto besteht für jedes Jurymitglied die Möglichkeit, bis zu drei Texte auszusuchen (noch anonymisiert), hier vorzustellen und zu kommentieren. Diesmal wurden sechs Texte ausgewählt.

Da die Jury sich aus wechselnden Teilnehmern zusammensetzen soll, möchte ich an dieser Stelle ganz herzlich alle interessierten DHG-Mitglieder einladen, bei kommenden Auswahl-Runden als Jurymitglied mitzuwirken.

Peter Rudolf

Ein Haiku, das mich besonders anspricht

kein Kleingeld
der Bettler bedankt sich
für nichts

Frank Dietrich

Irgendwo in der Fußgängerzone einer Innenstadt sitzt ein Bettler auf dem Pflaster, vor sich eine Blechdose, in der sich einige kleine Geldstücke befinden. Ein Passant bleibt bei ihm stehen, zieht sein Portemonnaie aus der Tasche, schaut hinein und stellt fest, dass es keine Münzen enthält. Mit einer entschuldigenden Geste sagt er: „Ich dachte, ich hätte noch Kleingeld. Tut mir leid." Woraufhin der Bettler, der nichts erhalten hat, sich bedankt.

Doch der Bettler hat, genauer betrachtet, nicht nichts bekommen. Die meisten Menschen laufen an ihm vorbei, ohne dass sie ihn zu bemerken scheinen. Der vor ihm stehende Passant irrte sich zwar hinsichtlich des Inhalts seiner Geldbörse, aber er ignorierte ihn nicht. Für die bloße Absicht zu geben und die damit verbundene minimale Beachtung und kurze Zuwendung bedankt sich der Bettler.

Nach dieser wohlgefälligen Szene sei noch eine aufdringlich-aggressive angeführt:

Ein Bettler spricht einen Passanten an: „Haste ma´n Euro?" Der Angesprochene sagt: „Nein, hab ich nicht." Im Weitergehen hört er noch den ihm nachgerufenen Satz: „Vielen Dank für nichts!"

Ausgesucht und kommentiert von Reinhard Dellbrügge

Junitag, noch früh.
Die Teeschale in der Hand,
Sitze ich und bin.

Christian Hövel

Im Hier und Jetzt sein, nicht nur körperlich, sondern auch mental. Das bedeutet *achtsam zu sein*. Genau das ist es, was der Autor hier in diesem Text beschreibt. Viele Menschen hängen mit ihren Gedanken in der Vergangenheit fest oder sie beschäftigen sich mit zukünftigen Sorgen. Die im Haiku beschriebene Person hingegen ist, früh an diesem Junitag, mit der Teeschale in der Hand, im Hier und Jetzt. Das macht besonders die letzte Zeile deutlich: „Sitze ich und bin". Danke für diesen Text, der mich daran erinnert, mich noch öfter in Achtsamkeit zu üben.

Ausgewählt und kommentiert von Tobias Tiefenstein

Krankenhaus,
ein Fensterschlitz zeigt
Schäfchenwolken.
Saskia Ishikawa-Franke

Ein Haiku, bei dem der Leser verweilen muss, um es einigermaßen auszuschöpfen. Der Ort des Bildes – auf welches es allein ankommt, denn es geschieht hier nichts – ist ein Krankenhaus. Irgendwo in diesem Gebäude gibt es einen Fensterschlitz, der das Tageslicht in einen anonymen Raum hereinlässt. Ein Fensterschlitz stellt im Unterschied zu einem normalen Fenster eine sehr eingeschränkte Verbindung zur Außenwelt dar. Seine Enge, die einen sogar an eine Gefängniszelle denken lässt, wirkt beklemmend.

Im scharfen Kontrast dazu steht, was durch den Schlitz zu sehen ist: Schäfchenwolken. Die flockigen weißen Gebilde ziehen frei am Himmel dahin. Zu diesem Anblick gesellt sich mühelos die Vorstellung der Weite einer anmutigen bukolischen Landschaft.

Formelhaft verkürzt ließe sich sagen: Die Wölkchen erscheinen vor dem Hintergrund der klaustrophoben Atmosphäre des Zimmers als Sinnbild der Freiheit, welche zu erlangen aber mindestens schwierig, wenn nicht gar unmöglich ist.

Ausgesucht und kommentiert von Reinhard Dellbrügge

Haushaltsauflösung
Das Steinchen mit dem Schriftzug MUT
behalten
Ramona Linke

Etwas ist zu Ende gegangen. Unwiderruflich hat es sich aufgelöst. Die Kisten sind gepackt, die Entscheidungen getroffen: darüber, was an die Nachbarschaftshilfe gespendet wird, wer welche Möbel bekommt und was entsorgt werden muss. Was mitnehmen? Die Wahl des lyrischen Ichs fällt auf einen bemalten Stein mit der Aufschrift MUT. Augenscheinlich gäbe es Kostbareres, was man mitnehmen könnte in ein neues Leben. Das teure Service zum Beispiel. Stattdessen ein bemalter Stein.

Doch, damit ein Leben gelingen kann, braucht es Mut! Um seinen eigenen Weg zu gehen, um notwendige, vielleicht schmerzhafte Entscheidungen zu treffen, um mit dem Altern des Körpers oder chronisch gewordenen Krankheiten leben zu lernen.

Wie gut ist es, etwas zu haben, das uns daran erinnert, nicht zu verzagen, wenn einem ganz flau ist im Herzen vor Angst, sondern mutig einen kleinen Schritt zu wagen. Und dann noch einen. Das Leben wartet. Dem Mutigen gehört die Welt!

Dieses wundervolle Senryu setzt auf eine klare Sprache und klare Bilder. Seine leisen Töne eröffnen genügend Raum für die eigene Interpretation des Lesers. Besonders gelungen ist der Gegensatz zwischen Vers eins und drei. Auflösung und Bewahren spiegeln den inneren Konflikt, von dem dieses Gedicht seine Spannung bezieht. Wollte man dieses Gedicht drastisch verkürzen, blieben die Worte „Auflösung", „Mut" und „Behalten" übrig. Worte, die über eine große emotionale Kraft verfügen und die von der universellen Erfahrung erzählen, was Verlust ist und wie man ihn übersteht.

Ausgesucht und kommentiert von Deborah Karl-Brandt

Kriegsbeginn –
Sie sagen er sei nun
erwachsen

Eva Limbach

Wann ist man jemals bereit für den Krieg? Eine Kindheit sollte nicht so enden. Hier wird jemand „zum Mann" gemacht, der es eigentlich noch gar nicht ist und es vielleicht auch gar nicht sein will. Den niemand fragt. Der sich nicht wehren kann. Dem ein großes Unrecht geschieht. Mit welchem Recht darf man einem anderen so etwas antun?

Und wer will schon ein Mann sein, wenn er dafür töten muss oder das

Risiko eingeht, selbst getötet, gefangen genommen, verwundet oder gefoltert zu werden? Was wird er tun müssen, um zu überleben? Und was wird es ihn am Ende kosten? Wird das Opfer zum Täter? Die Täter zu Opfern?

Ich denke an meinen Großvater: Die sichtbaren Spuren des Krieges und die unsichtbaren, die sein Leben prägten. Hatten wir nicht gehofft, etwas gelernt zu haben, klüger geworden zu sein nach dem letzten Mal?

Das Senryu befeuert die Vorstellungskraft, berührt emotional tief und veranlasst den Leser, sich der unschönen Wahrheit zu stellen: Wir sind nicht Herr unseres Schicksals. Sicherheiten können angetastet werden, Schutzräume können verloren gehen. Umso wichtiger sind Empathie und Mitgefühl für den Anderen.

Ein gelungener Text sollte die Wahrheit ansprechen, vor allem auch, wenn sie unbequem ist. Das tut dieses Gedicht auf meisterhafte Weise. Nicht nur die Lügen werden entlarvt, sondern auch die menschliche Tragödie, die ein Krieg immer bedeutet.

Ausgesucht und kommentiert von Deborah Karl-Brandt

für immer gegangen
er trägt ihr Foto
nach Compostela
Jutta Petzold

Da ich selbst schon auf dem Jakobsweg nach Santiago de Compostela gewandert bin, spricht mich dieses Haiku besonders an. Ich weiß, wie unterschiedlich die Beweggründe für eine solche Pilgerreise sein können. Vielleicht wollte hier ein Paar die Reise zusammen unternehmen. Vielleicht hatte es auch schon konkrete Pläne gemacht, und dann kam ihnen das Leben dazwischen. Nachdem sie „für immer gegangen" ist, pilgert er allein mit ihr im Herzen und ihrem Foto im Rucksack nach Compostela. Buen Camino!

Ausgesucht und kommentiert von Tobias Tiefensee

Die Auswahl

während der suche
im bestimmungsbuch fliegt er
fort – der käfer
  Sylvia Bacher

schaler Sekt –
der Augenblick, um dich zu küssen ...
Verpasst
  Tony Böhle

Echo
mein Dialog mit
dem Berg
  Stefanie Bucifal

Therapie
den Medizinball rollen
wie Sisyphos den Stein
  Stefanie Bucifal

Palliativstation
Mama bittet mich, dem Schmetterling
das Fenster zu öffnen
  Maya Daneva

kein Kleingeld
der Bettler bedankt sich
für nichts
  Frank Dietrich

Seewind
eine Düne
definiert sich neu
  Frank Dietrich

Kornblumenfeld
das leuchtende Blau deiner Augen
  Hildegard Dohrendorf

Wikingerdorf
unsere Schatten entlang
der Zeit
  Petra Fischer

Am Eisack-Ufer –
der eine Stein
atmet.
  Volker Friebel

Zeitumstellung
den Spatzen im Garten
ist es egal
  Dieter Gebell

Akupressur-Kurs
verzweifelt auf der Suche nach
dem Punkt für Neustart
  Ivan Georgiev

As Time Goes By
im Sperrmüll entdecke ich
die Vergangenheit
  Gabriele Hartmann

nächtlicher Donner – wie vertraut wir uns sind
Gabriele Hartmann

brütende Hitze
nichts regt sich außer dem
Rasenroboter
Sylvia Hartmann

Strandkorbgeflüster
die Ereignisse, die ich
verschwieg
Birgit Heid

Engelskulptur
auf ihren Flügelspitzen
rasten Libellen
Angelika Holweger

am Wandertag
bis abends unermüdlich
der Schrittzähler
Elisabeth Kleineheismann

Gipfelkreuz –
in die Stille hinein
nichts
Klaus Kornexl

Kissenbezug
das Muster
meiner Kindheit
Birgit Heid

fernes Gewitter –
mein Gesicht im Regenfass
ganz, ganz tief unten
Kerstin Hirsch

Junitag, noch früh.
Die Teeschale in der Hand,
Sitze ich und bin.
Christian Hövel

gepflastert mit Marmor
die Wege zur Akropolis
und die Schlafplätze der Bettler
Petra Klingl

Landregen
sie schließt die Augen
und lauscht
Ramona Linke

Haushaltsauflösung –
das Steinchen mit dem Schriftzug MUT
behalten
Ramona Linke

Gewitterwolken
ich stimme ein in das
Schweigen der Vögel
Ingrid Meinerts

Jahresgedächtnis
sie verschenkt
den Rollator
Ruth Karoline Mieger

zurück an der Eiche
ihr eingeritztes Herz
hat Risse bekommen
Eleonore Nickolay

für immer gegangen
er trägt ihr Foto
nach Compostela
Jutta Petzold

Am Rohbau,
samstags das fleißige Hämmern
des Spechtes
Michael Rasmus Schernikau

die Maus im Bad
bringt mich ganz
aus dem Gleichgewicht
Marie-Luise Schulze Frenking

auf der Parkbank –
berührt von Schatten die
vorübergehen
Angelica Seithe

geputzte Fliesen
eine kleine Spinne
ohne Halt
Ruth Karoline Mieger

Musikfest
in der Gasse der Tanz
der Mauersegler
Eleonore Nickolay

er liebt mich
er liebt mich nicht
sie fragt das Gänseblümchen
Jutta Petzold

Fernsehnachrichten
unser Wohnzimmer
längst krisenerprobt
Wolfgang Rödig

frühlingsanfang
eine mauerbiene
schaut aus der röhre
Elisabeth Sofia Schlief

Bilder ansehen
Vom letzten Mai
Und wieder der Duft
Monika Seidel

Donnergrollen
ein Messer löst die Spannung
der Wassermelone
Elisabeth Weber-Strobel

Tanka-Auswahl

Silvia Kempen und Martin Thomas wählten 4 Tanka von 4 Autoren aus. Die ausgewählten Texte werden in alphabetischer Reihenfolge der Autorennamen veröffentlicht. Es werden maximal zwei Tanka pro Autor aufgenommen. „Ein Tanka, das mich besonders anspricht" – unter diesem Motto besteht für die beiden Jurymitglieder die Möglichkeit, bis zu drei Texte auszusuchen (noch anonymisiert), hier vorzustellen und zu kommentieren. Diesmal wurde ein Text ausgewählt.

Ein Tanka, das mich besonders anspricht

nach all den Jahren
dieses tiefe Vertrauen –
und doch taste ich
in den Serpentinen
nach dem Griff der Beifahrertür

Gabriele Hartmann

Hier sind zwei Personen im Auto unterwegs. Es wird nicht deutlich, was das für Personen sind. Ich könnte mir ein Paar, das in einer Beziehung lebt, vorstellen, es könnten aber auch Freunde sein. Sie kennen sich schon lange und vertrauen einander, oder zumindest vertraut die Person auf dem Beifahrersitz der Person auf dem Fahrersitz.

Wie Schiller sagte: „Das Vertrauen wird kommen, hat jeder erst seine Sicherheit."

Doch was ist, wenn diese Sicherheit nicht mehr gegeben ist? „in den Serpentinen" – allein bei diesem Satz wird auch mir mulmig, und ich kann das Tasten nach dem Griff der Beifahrertür sehr gut verstehen. Das gibt wieder Sicherheit, obwohl es ja nur eine trügerische Sicherheit ist. Denn im Falle eines Unfalls oder Sturzes hilft dieser Griff nicht wirklich, er schützt nicht vor Schaden.

Im Grunde ist dieses Tasten nach dem Griff der Beifahrertür eine rein emotionale Angelegenheit und sehr menschlich. Die Person auf dem Beifahrersitz muss kein schlechtes Gewissen haben. Angst ist kein Vertrauensbruch.

Ausgesucht und kommentiert von Silvia Kempen

Die Auswahl

wenn du sagst
das hier sei nicht gerade
der Nabel der Welt
kommt wieder die Schwanzmeise
und klopft ans Zimmerfenster

Christof Blumentrath

ich wünschte
ich könnte sie irgendwie
abmontieren
die Kuckucksuhr
die auf meinen Schultern sitzt

Frank Dietrich

nach all den Jahren
dieses tiefe Vertrauen –
und doch taste ich
in den Serpentinen
nach dem Griff der Beifahrertür

Gabriele Hartmann

nach dem besuch
in jedem winkel stille
unter dem bett
die playmobil-giraffe
streckt alle viere von sich

Ludmilla Pettke

Sonderbeitrag von René Possél

René Possél hat aus allen anonymisierten Einsendungen ein Haiku ausgesucht, das ihn besonders anspricht.

Jahresgedächtnis
sie verschenkt
den Rollator

Ruth Karoline Mieger

Ein Haiku, das von „Zeit" in einem mehrfachen Sinne spricht. Die erste Zeit: Wenn ein Jahr seit dem Tod eines/einer Verstorbenen vergangen ist, gibt es eine Messe zum Toten-Gedenken. Der Ausdruck „Jahresgedächtnis" verweist auf die katholische Kirche. Der Einzelne erinnert sich innerhalb seiner Kirchengemeinde eines Verstorbenen und sucht den Trost des Glaubens und der Gemeinschaft. Man könnte es „eine immer mehr versinkende Zeit" nennen.

Die zweite Zeit: Da hat jemand (Witwe/Tochter) ein ganzes Jahr gebraucht, um mit dem Tod und der Trauer fertig (?) zu werden. Ein gewisser Abschluss dieses Prozesses (oder auch nur das Ende einer Zeit der Pietät) scheint der Entschluss, ein letztes Utensil seines/ihres Alters und der Gebrechlichkeit wegzuschenken. – Warum hat sie den Rollator so lange behalten? Konnte sie sich nicht trennen von dem, was an ihn/sie erinnerte?

Vielleicht ist das Wegschenken eine Geste der Großzügigkeit, vielleicht nur ein banaler praktischer Akt. Der Rollator ist eine Erinnerung an den Verstorbenen/die Verstorbene sowie die Mühen der letzten Lebenszeit. – Es geht um die letzten Dinge – in mehrfachem Sinne. Das Haiku kann nachdenklich machen.

All diese wunderlichen
kleinen Dinge, die sich einfinden
in einem Menschenleben.
Jedes hat sein Woher,
jeder von uns sein Wohin.

Lars Gustafsson

Mitgliederseite

Jedes Mitglied der DHG hat die Möglichkeit, eine Einsendung zu benennen, die bei Nichtberücksichtigung durch die Jury der Haiku- und Tanka-Auswahl auf dieser Mitgliederseite veröffentlicht werden soll.

Die Flut spült sie fort
unsere Spuren am Strand.
Wir schauen uns an.
Thomas Berger

Teil der Natur sein
Schwimmen mit Wasserläufern
nur nicht so perfekt
Eva Beylich

die Ruhe grünen Tees
im zweiten Aufguss
Horst-Oliver Buchholz

erste Verabredung
ich bemerke die Füllung
meines Apfelstrudels
Maya Daneva

Frühlingsspaziergang
auf der Pfütze
Blütensterne vom Holunder
Hildegard Dohrendorf

Purpurduft
in den Flüchtlingspapieren
eine Rose
Petra Fischer

kein Laut
und doch fallen
die Kirschblüten
Gregor Graf

Im kühlen Herbstwind
wogende Sonnenblumen.
Harmonie in Gelb.
Josef Graßmugg

wie der nachtwind
an mein schlafzimmer klopft
herz herz schwer
Claus-Detlef Großmann

mittsommer –
glühwürmchen cruisen
durch die nacht ...
Ruth Guggenmos-Walter

Deine Mutter –
ihre Blicke
im Friseurspiegel
Taiki Haijin

am Fenster
nach langer Nacht
dein Lied
Claus Hansson

ach, mein enkel:
„der opa hat gepfeift!"
warum mehr sagen?
Bernhard Haupeltshofer

Im Straßengraben
ein lauter, dicker Frosch
landet im Kochtopf.
Saskia Ishikawa-Franke

Runder Geburtstag
ihr goldenes Kleid
wie eine Rettungsdecke
Elisabeth Kleineheismann

käferfest im mai
überlebende feiern
motoren heulen
Rudolf Leder

der saugroboter
will immerzu spielen
mit dem kleinen
Johann Reichsthaler

Wäsche auf dem Seil –
ein Hemdsärmel im Wind
umarmt Damenhose
Dragan J. Ristić

am Feldrand
Wiesenstreifen
dem Bauer abgetrotzt
Rita Rosen

weiße Sterne fallen
auf schlohweißes Haar
Holunderblüten
Angelika Holweger

Ihr Lächeln im See –
eine Welle,
sie schwemmt mich dahin.
Manfred Karlinger

der hinkende Mann
und sein Schäferhund
im Gleichschritt
Petra Klingl

Sylter Strand
die Möwe darf
ohne Kurkarte rein
Kamil Plich

Fensterplatz
die Lichter der Stadt
unter Wolken
Renate Maria Riehemann

Dunkle Wolken
von unten dazu
Sonnenlächeln
Peter Rohrbeck

Blasmusik
im Zelt kleben die Tische
ihre Lippen am Ohr
Frank Sauer

klimawandel
um tote fischaugen
tanzen aasfliegen
Elisabeth Sofia Schlief

Am Auflandeteich
ist der Weg gar menschenleer
im Sommerregen.
Gerhard A. Spiller

der maikäfer, sterbend
bei mir
– – .
Thomas Steiner

Wir schreiben Juli –
den Monat aller Rosen.
Ich bin Dornröschen.
Kein Prinz an meiner Seite.
Meiner starb vor sieben Jahren.
Christa Wächtler

Sommergrastraum
unter meinem Kissen
schlummern Haikus
Stefanie Wichert

brazilian butt lift
die op hebt den hintern
in den himmel
Annika Carmen Schmidt

duft der traubenkirsche
schweigend
ein gedicht aufsagen
Helga Stania

Am frühen Morgen
strahlen Brombeerblüten hell
in die Dämmerung
Angela Hilde Timm

nach dem Taifun
Stiefelausleihdienst
für den Naturpfad
Klaus-Dieter Wirth

Die Auswahl der folgenden Texte ebenso wie alle in dieser Ausgabe abgedruckten Haiga erfolgte durch Horst-Oliver Buchholz, Eleonore Nickolay, Claudia Brefeld und Thomas Opfermann. Für die Unterstützung als Gastjurorin bedanken wir uns dieses Mal bei Birgit Heid.
Bei eigenen Einreichungen enthalten sich die Redaktionsmitglieder ihrer Stimme, Diskussion und Wertung.
Gerne verstärken wir unsere Jury in jeder Ausgabe um eine wechselnde Gaststimme. Wir laden alle DHG-Mitglieder ein, sich hierzu bei der Redaktion unter **redaktion@sommergras.de** zu melden!
Bei allen Beiträgen (inklusive Haiga) bitte keine Simultaneinsendungen.

Haibun

Wolfgang Volpers

Nun endlich wurde die Wohnung im Nachbarhaus aufgelöst, in der der Uralte noch sieben Jahre nach dem Tod seiner Frau ganz allein gelebt hatte. Die Enkelin hatte ein Entrümpelungsunternehmen beauftragt, und einen ganzen Tag lang schleppten zwei oder drei junge Leute lachend und unentwegt plaudernd Möbel und Hausrat in die bereitstehenden Lieferwagen, bis sich die Enkelin die allzu aufgeräumte Stimmung verbat. Sie selbst trug über Stunden Papier in eine blaue Tonne, manches sorgfältig in kleine Schnipsel zerrissen, manches zu großen Packen zusammengebunden.
Sie wusste nicht, dass am nächsten Tag ein Sturm aufziehen würde, der die blaue Tonne umwarf und Akten, Rechnungen, Briefe und Ansichtskarten in meinen Vorgarten fegte. Ein kleines, in Leder gebundenes Adressbüchlein war auch dabei, einige Einträge noch in Sütterlin geschrieben. Lange war ich damit beschäftigt, die Schnipsel aus dem Gebüsch herauszuklauben, letzte Reste eines langen Lebens.

All diese Namen
all die Städte und Straßen
zwischen den Dornen

Michaela Kiock

Streifzüge

durch die Morgensonne: Zuerst ein Rascheln. Beim Schritt zurück – unter einem tellergroßen Blatt – dieses braune Fellknäuel klein wie ein Küken. Seine Augen riesengroß. Beinahe kann ich das Herzklopfen hören . . . ein Kaninchen . . . behutsam weiterschleichen . . .

auf Traumpfaden
die Rufe der Waldarbeiter
werden lauter

Libellen sonnen sich am Feldweg – glänzend ihre blauen Leiber. Zum Weiher steigen Lämmer hinab und blöken. Eine Joggerin bricht in Lachen aus, als die Schafe in ihr Tempo einsteigen und mittraben.

Fabelwesen
aus grünen Schatten
Kinderlachen

Am Kanal tauchen Blässhühner nach Pflanzen und füttern ihre flauschigen Jungen. Die sind so winzig, dass es den Anschein hat, sie schwebten übers Wasser.

Heimweg
ich stolpere
über jemandes Schlüssel

Gabriele Hartmann

(Ent-)Spannung

Bald haben wir Vollmond. Ich warte auf ihn. Nacht für Nacht verfolge ich die Zeiger meiner Schlaflosigkeit, um am Morgen traumfaul weiterzudösen.

Kranichrufe
die Wolkendecke
reißt

Gabriele Hartmann

Ansprache & Meditation

Ich komme gerade vom Gartenfrühstück mit sieben Frauen. Der Garten selbst – eine unendliche Vielfalt von Blüten & Käfern. Die Damen – erregt, man hat sich lange nicht gesehen. Jede hat zwischenzeitlich etwas erlebt. Eine brüllte immer wieder: Ich will Euch jetzt was erzählen … Alles ging wild durcheinander. Einmal kam ich auch zu Wort.
Wie ruhig der Garten doch lag im Morgenlicht.
Ich war es, die wieder als erste ging.

Endstation
der letzte Wagen
abgekoppelt

Birgit Heid

Begegnungen

vierundzwanzig Türchen
die Überraschungen
absehbar

Im Café treffe ich eine gute Bekannte. Sie möchte das Festival des Bou-
quinistes et Artistes wiederaufleben lassen. Wir schmieden gemeinsame
Pläne.

Unsichtbar
die Fäden, bis sie
Staub ansetzen

Haustürwahlkampf für die anstehende Wahl des Oberbürgermeisters.
Nach Möglichkeit sollte auch in Mehrfamilienhäusern an jeder Tür geklin-
gelt werden. Wir sind zu zweit unterwegs. Wegen der längeren Verweil-
dauer in den Häusern verliert man sich schnell aus den Augen. Ich gehe
alleine weiter. Ein älterer Mann beschwert sich über die geplanten, in sei-
nen Augen unangemessen hohen Anwohnerparkgebühren.

Mietfläche
die Orte, an denen sie
homeless war

Mit einem Bewohner bespreche ich die Wahlaussichten. Ein anderer ist
der frühere Musiklehrer meiner Kinder. Ich gebe ihm Tipps für seine
Stimme. Eine ältere Dame ist eine Kulturbekannte, von der ich wusste,
dass sie schwer krank war. Sie weiß auf Anhieb meinen Namen. Erzählt
vom Krebs und ihrer Zweisamkeit. Ich habe sie sehr gern.

Abschlusstreffen
der Kandidat
gereift

Birgit Heid

Vogelstille

Korrekturen an einer Erzählung. Bestimmte Recherchen waren bislang erfolglos. Draußen ist es so heiß, dass ich nur morgens und abends hinausgehe. Wir sitzen im Haus wie Gefangene.

flüssiges Gold
ich sehne mich
nach dem See

Abends auf der Terrasse. Ich lese und benutze die Handylampe, denn die Nacht ist längst angebrochen.

Birgit Heid

Brief

Beim Mittagessen die Idee, Frido Mann anzuschreiben. Sehr geehrter FM, eine Kurzreportage im Deutschlandfunk vom 17. März dieses Jahres anlässlich des dreißigsten Todestages Ihrer Tante Monika gab den Ausschlag, über die ungeliebte Tochter der berühmten Familie einen Roman zu schreiben. Längst habe ich nicht alle Quellen gesichtet, doch erkenne ich anlässlich Ihres Buches Achterbahn, dass Sie den klarsten und wohlmeinendsten Blick auf Mönle hatten. Ich möchte in meinem projektierten Buch einige Fragen beantworten, die möglicherweise noch niemand gestellt hat, obwohl sie überdeutlich in der Luft liegen. Weshalb bekam Monika so nachhaltig den Stempel des schwarzen Schafes aufgedrückt? Was hat sie dennoch dazu bewogen, immer wieder die Nähe der Familie zu suchen?
Ich wüsste allzu gerne, wie viel Kontakt Sie mit ihr hatten und ob Sie sie

auf Capri besuchten. Haben sich Golo und Monika in ihren späten Lebensjahren um eine Klärung ihrer beider Befinden bemüht? Wie lebte sie in Zürich? Und schließlich: Wie verlief ihr letztes Jahr?
Herzliche Grüße.

Sommergewitter
auf das Dach trommelt
Regen

Martin Berner

Kindergepäck

An die Schläge erinnert er sich nicht. Nur von seinen älteren Schwestern weiß er, wie heftig sie auch für ihn waren. Was ihn aber immer noch zum Zittern bringen kann, ist die Angst, die er hatte, bis Vater am Feierabend heimkam. Die Mutter, oft die Nachbarn, selten die Schwestern, hatten diese Angst noch angefacht.

wart bis Vater kommt
die Grasmücke
singt dagegen an

Birgit Heid

Relevanz

Der dreiundzwanzigste Geburtstag unseres Sohnes. Weil ich in der Nähe bin, klingele ich an der Haustür, doch er ist erwartungsgemäß nicht daheim. Neulich wunderte sich meine Bekannte, dass mein Mann und ich nicht über seinen kürzlichen Urlaubsaufenthalt Bescheid wussten. Sie selbst tauscht sich mit ihren nächsten Angehörigen sehr viel häufiger aus. Für mich ist die Frequenz jedoch nicht ausschlaggebend. Im Gegenteil, die Gespräche können auch rasch ins Belanglose abdriften. Eine Entfremdung beginnt bei mir nach einem halben Jahr. Aber hat man nicht auch Freundinnen, mit denen man nach zwanzig Jahren so eng kommuniziert wie nach zwanzig Stunden?

Sirtaki
aus dem Takt
mein Herz

Abends kommt er mit der Schwester vorbei. Wir lachen, reden, philosophieren übers Feiern und den damit verbundenen Alkoholkonsum. Über Hautkrankheiten, die sich wandelnde Arbeit, den Rückbau eines Stellwerks und die Übernachtungsplanung der Geburtstagsfeier meines Mannes. Sie fahren weiter.

Rastplatz
vor dem Abflug in sein
neues Leben

Christof Blumentrath

The Köln Concert

Hier muss es sein. Einige Stufen knarren.
Im Treppenhaus riecht es nach gebratenem Speck.
Ich ziehe mich am Handlauf hoch und nehme immer zwei Stufen zugleich.
Die Zimmertür ist weit geöffnet, ich zögere einen Moment.
„Komm rein!" Auf dem gedeckten Tisch brennt eine Kerze. Sie hat Wildblumen in einem Marmeladeglas dekoriert und stellt gerade eine Teekanne auf ein tönernes Stövchen.

Zwischen den Muskelzügen ihres schmalen Nackens schimmern kleine Härchen.

Zart die Konturen ihres Körpers in dem roten Baumwollkleid.

Während wir am Tisch sitzen und unsere Hände an den Teetassen wärmen, drehe ich mich zum Regal hinüber, um ihre Langspielplatten anzusehen. Ich ziehe ein abgegriffenes Doppelalbum heraus. Ohne Worte nimmt sie es mir aus der Hand, lässt die schwarze Scheibe aus der Hülle in ihre geöffnete Hand gleiten, legt sie behutsam auf den Plattenteller, beugt sich hinunter, um ein Staubflöckchen von der Nadel zu pusten und lässt sie dann vorsichtig in die erste Rille sinken.

Sie hält ihren Kopf ein wenig schief und lächelt mich an. Ein Knistern erfüllt den Raum.

im feuchten Sand
mit dem Zeigefinger
die drei Worte

Martin Berner

Sirenenprobe

Er erinnert sich an die Broschüre aus den frühen 60er Jahren „Jeder hat eine Chance". Darin wird gezeigt, wie man bei einem Atomalarm (an- und abschwellender Sirenenton mit Pausen) Zuflucht unter einem Tisch suchen und sich die Aktentasche oder Ähnliches über den Kopf legen soll. Das hat ihm damals entsetzliche Angst gemacht. Oft hat er sich später an die Bilder erinnert und erleichtert gemeint, dass diese Zeiten überwunden wären.

Jetzt holt ihn die alte neue Angst ein.

Wolkenloser Abendhimmel
ins Violett schleicht sich
Angst

Tan-Renga

Michaela Kiock und
Gabriele Hartmann

Kamasutra
in ihrer Stimme
der Duft von Honig

wir entdecken
die Erstausgabe

MK / GH

Michaela Kiock und
Gabriele Hartmann

Steillage
das reife Blau zwinkert
mir zu

zwischen meinen Lippen
der Geschmack von Sonne

GH / MK

Michaela Kiock und
Gabriele Hartmann

in der dritten Stunde
über dem Stau
ein Stern

wir meiden
die knarrende Stufe

MK / GH

Michaela Kiock und
Gabriele Hartmann

Abendröte
wir erschaffen
die Stille

im Spiel des Windes
die Hülle einer Zikade

GH / MK

Rita Rosen / Brigitte ten Brink

Morgennebel
zerstäubt vom Flügelschlag
eines Reihers

Scherenschnitte – die Pappeln
am Ufer des Flusses

BtB / RR

Rezensionen/Buchbesprechungen

Brigitte ten Brink

hier und dort

Sylvia Bacher: hier und dort. von Wien nach Bad Aussee. mit Haiku, Senryu, Haibun, Haiga, Fotos. Herausgegeber: Österreichische Haiku Gesellschaft / ÖHG. ISBN 978-3-9504782-8-0

Vom Abschiednehmen und Ankommen erzählt Sylvia Bacher, die zwischen Wien und Bad Aussee pendelt, in ihrem Buch. Auf diesen Wegen wird sie nicht nur von persönlichen Erinnerungen, Eindrücken und Gedanken begleitet, sondern auch von den historischen und (jahres)zeitlichen Veränderungen, die sich im Laufe der Jahre auf diesen Wegen und in ihrem Leben abspielen und die Grundlage für ihre, von vielen Fotos ergänzten, eindrucksvollen Haiku, Senryu, Haibun und Haiga sind.

Das Buch beginnt mit einem Abschied, dem Abschied von der Mutter nach deren Tod. Ihm folgen die Erinnerungen und Betrachtungen auf den unterschiedlichen Wegen von der Wohnung der Autorin zum Wohnhaus der Mutter. Es sind Streifzüge von einem Bezirksteil (Michelbeuern) des neunten Wiener Gemeindebezirks (Alsergrund) in den anderen (Roßau mit dem Servitenviertel). Diese Wege beschreibt Sylvia Bacher in Form von Haibun, dem klassischen Reisetagebuch japanischer Wanderer. Es gibt viel zu betrachten, es sind geschichts- und geschichtenträchtige Orte, an denen sie vorbeikommt und von denen sie spannend mit fundierten Kenntnissen über deren Vorleben und ihre heutige Nutzung erzählt und diese mit Erinnerungen aus ihrer Kindheit und Jugend bereichert. Eindrücklich und lebendig holt Sylvia Bacher diese Geschichte(n) in die Gegenwart.

unterwegs
eckdaten getretener –
stolpersteine (S. 39)

Von Wien geht es auf die Autobahn, die A1, in Richtung Bad Aussee.

überlandfahrt
ich pflücke wiesenblumen
mit den augen (S. 46)

In Bad Aussee angekommen, geben die Jahreszeiten dem Ort immer wieder ein anderes Aussehen und lassen ein anderes Lebensgefühl entstehen. Aktuelle politische und gesellschaftliche Veränderungen werden in Haiku eingefangen, doch es gibt auch immer wieder Blicke zurück zu Ereignissen, die einen bleibenden Eindruck hinterließen oder im Gedenken an Menschen, die nicht mehr sind.

über die zeit
gespannt schatten
der vergangenheit (S. 79)

So ist Sylvia Bachers Buch nicht nur die Schilderung einer Reise zwischen zwei Orten, sondern auch immer wieder eine Reise in die eigene Vergangenheit – Rückkehr in die Gegenwart inklusive, und sie verliert vor allem bei aller Nachdenklichkeit und Melancholie, die das Thema „Abschied" mit sich bringt, nicht den Humor, der in ihren Haiku immer wieder durchblitzt.

frostbeulen im asphalt
das auto hoppelt
in den frühling (S. 45)

Wolfgang Gründer

Mit Muße lesen

Japanisches Glossar rund um das Haiku und verwandte Kunstformen im Rahmen der Japanischen Kultur

Klaus-Dieter Wirth: Japanisches Glossar rund um das Haiku und verwandte Kunstformen im Rahmen der japanischen Kultur, Rotkiefer Verlag, Berlin 2022, 299 Seiten, Hardcover, ISBN: 978-3-949029-14-1

Vor mir liegt ein Buch, das auf dem Büchertisch allein aufgrund seiner Covergestaltung in burgunderroten Variationen mit weißer Schrift einen Greifreflex auslösen kann. Recht so! Man greift damit zu einem Werk, das weit über die Ansprüche hinausgeht, die man an ein Glossar stellen darf.

Im Vorwort äußert sich der Autor, Klaus-Dieter Wirth, zu seiner sich aus dem Titel ergebenden Intention und gibt dem Leser Erklärungen zur Benutzung und zum Verständnis der typografischen Eigenheiten des Glossars an die Hand. Der Autor benennt hier Schwierigkeiten der sprachlichen Umsetzung japanischer Schriftzeichen in das lateinische Alphabet sowie deren Aussprachebesonderheiten und erläutert die Notwendigkeit und seinen Ansatz, diese für uns Leser zu beheben.

Im ansprechend gestalteten Wörterverzeichnis gewinnt dann nicht nur der Haiku-Liebhaber einen umfassenden Überblick über die Begrifflichkeiten der Haiku-Dichtung. Man erhält neben den konkreten Begriffserklärungen einen tiefen Einblick in alle Begrifflichkeiten rund um das Haiku und dem Titel entsprechend weit darüber hinaus. Dabei beschränkt der Autor sich nicht nur auf japanische Gegebenheiten, auch internationale Aspekte kommen hier nicht zu kurz. Jedes Stichwort wird in einen weiten Rahmen miteinander verwobener sprachlicher, kultureller und geschichtlicher Erläuterungen und Verweise eingebettet. Das macht das Besondere an diesem Buch aus.

Es ist etwas entstanden, das für ein Glossar zunächst nicht zu erwarten ist, eine bemerkenswerte Darstellung weiter Teile japanischen Lebens, japanischen Denkens und Fühlens. Man kann dieses Buch einfach mit etwas

Muße nehmen, aufschlagen und irgendwo beginnen zu lesen, es ist im wahrsten Sinne des Wortes lesenswert!

Es steht zu hoffen, dass dieses Werk die ihm zustehende Verbreitung findet. Sowohl der Autor als auch der Rotkiefer Verlag sind dafür zu beglückwünschen, dass es ihnen gelungen ist, ein Buch zu schaffen und herauszugeben, in dem auch international das Potenzial eines nicht zu umgehenden Standardwerks der Grundlagen der Haiku-Dichtung und verwandter Kunstformen steckt.

Brigitte ten Brink

auf Zehenspitzen

Gabriele Hartmann:
auf Zehenspitzen. Foto-Haibun.
bon-say-verlag 2022.
ISBN 978-3-945890-52-3
Zu beziehen unter
info@bon-say.de

Foto-Haibun – was soll man sich darunter vorstellen? Steht der Text wie bei einem Foto-Haiku oder einem Haiga im Foto, im Bild? Mitnichten! Gabriele Hartmann erfindet eine neue Methode der Komposition und arrangiert Foto, Haibun und Haiku auf eine, auf ihre, ganz spezielle Art und Weise. Sie löst das Haiku aus dem Haiga und kombiniert das Bild und das extrahierte Haiku mit einem Haibun, welches bekanntlich aus einem kurzen Prosatext und einem Haiku besteht.

Diese drei Komponenten treten in eine wechselseitige Beziehung zueinander. Jedes lässt sich mit jedem kombinieren, kann jedoch auch eigenständig und für sich genommen bestehen.

Die Bilder, von Gabriele Hartmann verfremdete, in der Farbgebung stark reduzierte Fotos, befinden sich im Wechsel mal auf der linken, mal auf der rechten Buchseite. Auf der jeweils anderen Seite stehen die Texte.

Als erstes das Haibun und am Ende dieser Seite das aus dem Bild gelöste Haiku, einmal auch ein Tanka.

Es sind im Grunde alltägliche Geschichten, die Gabriele Hartmann auf ihre beeindruckende sprachliche Art erzählt. Es wird kein Wort zu viel gesagt. Es sind genau diese Worte, die es für diesen, von ihr eingefangenen Moment braucht, damit sich die ganze Tragweite des Geschehens entwickeln kann.

stark

Die Tür steht offen. Im halbdunklen Flur schimmert ein gemaltes Schild: „Gemeinsam sind wir stark." Aus dem verwilderten Garten klingt Kinderlachen.
Hinter vorgehaltener Hand weiß einer: „Das Frauenhaus!"

zwölf Schläge
nah der Kirche
ein RKW

Mutters Gesangbuch   abgegriffen   das Hohelied der Liebe

Leise, zart und leicht, eben wie auf Zehenspitzen, kommt dieses Buch im ersten Moment des Blätterns und Anschauens daher, um dann beim Betrachten und Lesen eine Kraft zu entwickeln, die in den Bann zieht – magisch.

und immer
ist da (d)eine Hand
die (ver)führt

Mit diesem Haiku beschließt Gabriele Hartmann ihr Nachwort auf der letzten Seite des Buches.

Gabriele Hartmann

mohnnau – rausch licht liebe – die stille danach

Ralph Günther Mohnnau (RGM) Haiku 2021.

Mehr als 1.800 sollen es eigenen Angaben nach sein – 566 sind es in den ersten vier Bänden, hochgerechnet: 2122. „Mehr als 1.800" stimmt also. Wer es nicht glaubt, muss selbst zählen. 15 Bände, jeder Band hat eine eigene ISBN 978-3-946927-..- (deren Endnummer s. u. jeweils in Klammern zum Titel). 18,5 x 29 cm, 3,2 Kilo, 9 cm hoch, gehalten von einer bei „alpha print Sulzbach" handgefertigten Japanbindung mit rotem Faden. Gefördert von der Mohnnau gemeinnützige Stiftung für Kunst und Kultur.

RGM gibt jährlich eine Dokumentation seines Haiku-Schreibens unter dem Label **„stille sturm und rote düfte"** heraus. Der Einband 2021 leuchtet rosarot, auf Blatt 2 jeweils ein Faksimile handschriftlicher Notizen auf allerhand Papierwerk, was belegt, dass er schreibt, wo er gerade geht und steht. Sparsam garniert mit Grafiken von Petra Lorenz, vorne und hinten ein Blatt rotes bzw. blaues Seidelbastpapier, was die Farbe seiner Signatur bzw. des Titels aufgreift.

Mehr als 3 Kilo Haiku in einem Jahr! Kann das sein? Ja. Klar, nicht alle sind lupenreine Haiku, manche strotzen vor Emotionen, einige erinnern an Gomringers konkrete Poesie, andere verharren im Blickwinkel des Autoren, viele beschreiben eine mehr oder weniger außergewöhnliche Situation – aber eines gelingt RGM stets: Seinen ureigensten Augenblick einzufangen, in prägnanten Worten zu transportieren, was ihm wichtig ist und Leser*innen mitzunehmen auf eine eindrucksvolle Reise durch seinen Alltag voller Überraschungen. Nicht selten bricht sich Erotik Bahn, philosophische Gedankengänge regen ihrerseits zum Nach-Denken an, der Zeitgeist liefert sich ein Gefecht mit archaischen Instinkten. Schon die Titel verleiten zum Träumen, die von mir präferierten Haiku (je 1 pro Band) sprechen für sich.

Band 1: paragleiten (86–0):

 abendsonne / im gezweig der äste blüht / ein roter luftballon

Band 2: apfelsinentanz (87–7)

die taschendiebin / kaum 12 Jahre alt / ich lass sie gewähren

Band 3: gespenstige nacht (87–7)

 alt bin ich / ja alt doch jung geblieben / das kind in mir

Band 4: grün die sonne (89–1)

 die laternen im / nebel leuchten sie / für sich selbst

Band 5: liebesschlösser (90–7)

 die abrissbirne / im zweiten stock noch immer / das alte bett

Band 6: mit fieber im bett (91–4)

kein zenmeister / bin ich – zu viel der liebe / im blut

Band 7: feuerlibellen (92–1)

 jahrmarktbude / die dame ohne unterleib / lächelt

Band 8: sternbild andromeda (93–8)

 wären erinnerungen / steine ich lebte / in einer wüste

Band 9: shit happens love happens (94–5)

 winter schneeflocken / wärn's blüten / wär's frühling

Band 10: flimmerhärchen (95–2)

 silvester / der schnee vom alten / jahr schmilzt im neuen

Band 11: chelsea hotel new york (96–9)

 abflugschalter / sie winkt zurück ohne / sich umzuschauen

Band 12: zitronen aus palermo (97–6)

blick aus dem fenster / überall nebel überall stille / überall nichts

Band 13: sauerampfer am weg (98–3)

verlassener spielplatz / die schaukel schaukelt / im wind

Band 14: marmornymphen im park (99–0)

mittagshitze / die libelle und ich / kommen uns näher

Band 15: die fledermausfrau (978-3-949943-00-3)

der spiegel / in der absteige – was wenn er / erzählen könnte?

***

Warnung: Wer einen Band sein Eigen nennt, möchte alle besitzen!

Brigitte ten Brink

Verbrüderung

Georges Hartmann: Verbrüderung. Gedankenreisen. 2022. bon-say-verlag.
ISBN 978-3-945890-43-1
Zu beziehen unter info@bon-say.de

Japan – das Land der aufgehenden Sonne – war das Ziel zweier Japanreisen, die Georges Hartmann zusammen mit Mitgliedern des Frankfurter Haiku-Kreises unternommen hat. Die aufgehende Sonne ziert demzufolge auch das stimmungsvolle Cover dieses Buches. Es enthält sieben Erzählungen und zehn Haiku, welche unter dem Eindruck der Ereignisse und Erlebnisse dieser Reisen entstanden sind: Haiku-Liebhaber und -kenner aus Deutschland begegnen Haiku-Liebhabern und -kennern im Ursprungsland des Haiku. Angehörige zweier doch sehr unterschiedlicher Kulturkreise in unmittelbarem Kontakt miteinander, das kann schon mal zu Irritationen auf beiden Seiten führen, dem Stoff aus dem diese Geschichten sind. Mit seiner unvergleichlichen (Selbst)Ironie und doch sehr liebevoll und mit großem Einfühlungsvermögen für das Verhalten aller Beteiligten und wohlwissend um die Erwartungen der Gastgeber und der gesellschaftlichen Gepflogenheiten des Gastlandes, beschreibt Georges Hartmann Situationen, die manchmal schon ans Absurde grenzen und prädestiniert für das Treten in ein Fettnäpfchen sind.

Dabei entwickelt er, der sich in der Selbstwahrnehmung einer direkten sprachlichen Konfrontation absolut nicht gewachsen fühlt, eine Wortgewalt, die den Leser atemlos macht.

Wie oft muss der Mond
am *Ishi Yama* noch aufgehen
bis mir was einfällt?

Mit diesem Haiku beginnt das Buch und die erste Erzählung *„Quarzgenaue Perfektion"* knüpft an diesen Stoßseufzer an:

„Wer hilft mir an diesem Morgen bei der Bewältigung des Fremdartigen, formuliert in meinem Namen die passenden Sätze für die Gastgeber (Familie *Watanabe*), damit ich nur noch zustimmend nicken, aber selbst nichts mehr zu sagen brauche?" (S. 5)

Unsagbar seine Erleichterung, als er feststellt, dass er den zu erwartenden Herausforderungen nicht alleine gegenübersteht und er sich seiner „ins Bewusstsein tretenden Menschenscheu" und der befürchteten „Einsilbigkeit" (S. 5) nicht stellen muss.

Es ist der erste Morgen in der Fremde, kurz vor dem Start des eng getakteten und mitunter doch recht anstrengenden Besuchsprogramms. Auch wenn die Deutschen als ordnungsliebend und pünktlich gelten, in Japan sind die Regeln weitaus strenger: „Der Japaner scheint mit quarzgenauer Perfektion selbst den strapaziösesten Ablaufplan unter allen Umständen einzuhalten." (S. 7) und während des Frühstücks „… machen sich zwei Taxifahrer bemerkbar, die uns – auf Kosten des Hausherrn – samt Gepäck zum nächsten Treffpunkt bringen sollen. Das ist genau der bereits beschriebene Zeitpunkt, an dem beim Japaner der Spaß aufhört und er sich zugunsten einer minuziösen Abwicklung dem Diktat der vorgegebenen Termine unterwirft." (S. 9–10)

Die große Stärke jeder der Geschichten aus diesem Reistagebuch ist Georges Hartmanns Vermögen, sowohl seine Emotionen in Worte zu fassen, als auch seiner großen Empathie für die Gefühle und Gepflogenheiten der Gastgeber Ausdruck zu verleihen, z. B. wenn er erstaunt feststellt, dass es plötzlich in der Hektik des Aufbruchs zum nächsten Termin eine Unterbrechung gibt „…weil der Japaner nämlich an der Nahtstelle einer als abgeschlossen geltenden Handlung zur nächsten Begebenheit einen bemerkenswerten Stillstand der Zeit herbeiführt. Das bewusst inszenierte Vakuum ist allein den jetzt anstehenden Verbeugungen, beiderseitigen Wiedersehensbeteuerungen, nochmaligen Verbeugungen, also einem letzten Austausch von Liebenswürdigkeiten gewidmet, …" (S. 10–11)

Georges Hartmann wäre nicht Georges Hartmann, wenn er nicht konsequent die Ereignisse aus seiner ganz persönlichen Perspektive mit all den Unsicherheiten und Unwägbarkeiten, die neue und ungewohnte Situationen mit sich bringen, darstellen würde und er sich auch nicht scheute, sich als den Pechvogel des Tages zu outen: „Am Metro-Eingang hakt dann auch noch folgerichtig meine Fahrkarte, wodurch eine Sperrvorrichtung ausgelöst wird und mir zwei gepolsterte Barrieren vor die Knie knallen, was Mieko zu einem ersten Einsatz zwingt, indem sie am Schalter einen dienstbaren Geist davon zu überzeugen versucht, dass ich kein notorischer Schwarzfahrer sondern eher ein Unglücksrabe bin." (S. 42)

Seine Schilderungen lassen beim Lesen Bilder, ja Filme, im Kopf entstehen, die dem Geschehen, wenn westliches Verständnis auf östliche Gepflogenheiten treffen, manchmal etwas Slapstickartiges verleihen. Und doch wird allen Protagonisten, den japanischen wie den deutschen, mit großem Respekt begegnet: „Gleich nach dem Nachtisch lauert auch schon die sich anbahnende Verabschiedung, weil der Japaner kein Pardon kennt, wenn die von ihm eingeplante Zeit abgelaufen ist, was dem Unerfahrenen wie ein Rauswurf vorkommt, in Wirklichkeit aber als Geste der Höflichkeit aufzufassen ist, die Gäste nicht über Gebühr zu strapazieren." (S. 67)

Und immer wieder scheint der Zweifel an der eigenen Fähigkeit auf, dem Haiku und seinem literarischen Anspruch gerecht zu werden, der sich auch in der Verweigerung des Schreibens bemerkbar macht: „Beim Zähneputzen die niederschmetternde Erkenntnis der von Erika abverlangten Produktion eines täglichen Haiku, die ich bislang alle schuldig geblieben bin …" (S. 37) Und in der Erzählung „Über mir lacht der liebe Gott" (S. 47) stellt Georges Hartmann ganz lakonisch vor einem sich anbahnenden Kukai fest: „Die Produktion zeitlos gültiger Literatur wäre so eine Idee, was aber derart größenwahnsinnig klingt, dass ich jetzt leicht resigniert die beschrittenen Gedankenwege verlasse und mich an den mir zugewiesenen Platz setze." (S. 49)

Dabei sind seine Haiku, dasjenige am Anfang des Buches und diejenigen, die jeweils zwischen zwei Erzählungen und am Ende des Buches platziert sind, ein wesentlicher Bestandteil der Texte. Sie fassen die Geschichten auf unnachahmliche Weise, mal nachdenklich, mal humorig, zusammen.

Mein Herz klopft schneller.
In jeder Runzel des Mönchs
steckt eine Botschaft (S. 20)

Gekonnt schwebt der Reis
auf den Essstäbchen zum Mund.
Jetzt klebt er am Hemd (S. 26)

Georges Hartmann beendet sein Werk, wie könnte es bei ihm auch anders sein, mit einem eher selbstkritischen Haiku.

Gott runzelt die Stirn.
Die Nase gestrichen voll
liest er jetzt Sein Buch

Es ist jedoch ratsam, sich durch dieses Haiku nicht davon abhalten zu lassen, das Buch „Verbrüderung" von Georges Hartmann zu lesen.

Thomas Opfermann

Die Bewahrung des Haiku als Kunstform im Zwanzigsten Jahrhundert durch Takahama Kyoshi (1874–1959)

Die Bewahrung des Haiku als Kunstform im Zwanzigsten Jahrhundert durch Takahama Kyoshi von Finn Harder, 334 Seiten, LIT Verlag, 2020. ISBN 978-3-643145-57-4

Finn Harders Dissertation über Takahama Kyoshis Haiku-Schaffen kommt vom Titel zunächst ein wenig sperrig daher. Für eine wissenschaftliche Arbeit vermittelt sie aber auf sehr lesenswerte Art und Weise das Schaffenswerk dieses Haiku-Dichters mit seinem Einfluss auf Millionen Japaner über drei Generationen hinweg.

Nach einem Überblick über die Forschungslage zu Kyoshi beleuchtet Finn Harder dessen Haiku-Verständnis aus zwei unterschiedlichen Blickwinkeln: zum einen in chronologischer, zum anderen in systematischer Betrachtung. Diese im ersten Moment durchaus doppelt erscheinende Betrachtungsweise bietet dem Leser aber wertvolle Einsichten im jeweiligen Kontext.

In der chronologischen Darstellung begleitet der Leser Kyoshi von seiner Geburt 1874 in Matsuyama bei seinen Begegnungen mit den Haiku-Größen seiner Zeit (Shiki, Hekigotō, …) bis zu seinem Tod am 8. April 1959. Sein kurz zuvor verfasstes *jisei* zeugt von einem langen, der Lyrik gewidmeten Leben:

„Den ganzen langen Frühlingstag / An einem einzigen Gedicht gefeilt."

Die systematische Betrachtung beinhaltet die Diskussion der formalen Aspekte des Haiku – Siebzehnsilbrigkeit, Natur, Jahreszeiten – gepaart mit Kyoshis eigenem Haiku-Schaffen.

Sämtliche Gedichte sind dabei sowohl auf Japanisch (Sigel/Transkription) und in Übersetzung dargestellt; die Monats- und Jahresangabe ermöglicht die zeitliche Einordnung. Eine wertvolle Orientierungshilfe stellt das am Ende aufgeführte Kyoshi-Glossar dar. Das abschließende

Literaturverzeichnis bietet eine umfangreiche Fundgrube an weiterführender Literatur, um sich mit Kyoshi und seinem Vermächtnis zu beschäftigen. Einziges Manko dürfte die bei vielen westlichen Lesern vorhandene Sprachbarriere sein, da die meisten Werke auf Japanisch verfasst sind.

Insgesamt jedoch ein sehr informatives, lesenswertes Werk, um Takahama Kyoshi näher zu kommen!

Peter Rudolf

Licht*wechsel*

Horst-Oliver Buchholz / *Eleonore Nickolay*: Lichtwechsel (Tan-Renga). Hardcover, 12 x 19 cm, 64 Seiten, Rotkiefer Verlag, Berlin 2022, ISBN 978-3-949029-11-0

der schmale Pfad
zwischen keimendem Grün
bald wieder verborgen

Auf diesen Oberstollen von Eleonore Nickolay antwortet Horst-Oliver Buchholz mit:

etwas höher die Sonne
mit jedem neuen Tag

Ja, das Autorenpaar führt – das Buch ist nicht zufällig eine Sammlung von 52 Tan-Renga – durch das Jahr, ein erstes Mal hier gezeigt an diesem Beispiel von Seite 26. Einem natürlichen Verlauf folgend und damit in den vorderen Seiten des Buches platziert, findet sich auf Seite 24 eine Liebesszene:

Weidenkätzchen
du streichelst
meine Hand

schließlich zurück ins Quartier
ein Hemdknopf blieb offen

Einer solchen Verliebtheit folgt auf der nächsten Seite aber auch gleich
schon eine Ernüchterung:

Apfelblüte
was zwischen uns reifte
im letzten Jahr

seine Versprechen
im Wind ...

Dramaturgisch verwandt folgt später, auf Seite 32, dort zum Sommer ge-
hörend:

Neumond
was wir wagen
im Traum

unter neuen Blüten
eine erste faule

Wieder tritt in Zeile 5 überraschend eine Ernüchterung ein. – Ein zum
Herbst gehörender Text, Seite 43, lautet:

das Museum schließt
in altem Gemälde wacht
ewiger Sommer

im Sonnenstrahl tanzt
Staub

Das letzte Tan-Renga des Buches heißt:

Ananas-Bowle
als die Zukunft
noch prickelnd erschien

den Wert unserer Jahre
neu bestimmen

Zu diesen beiden Beispielen noch Worte verlieren in dieser Besprechung? Nein, darauf verzichte ich. Stattdessen empfehle ich: Noch einmal die beiden eben zitierten Tan-Renga lesen.

Ein überaus schönes Gedicht, das mir ganz besonders gelungen scheint, findet sich auf Seite 47:

am Naschmarkt
ihre Trüffel kaufen
zartbitter

dieses einmalige Lächeln
für jeden Kunden

„Gelungen" beziehe ich hier auch auf den Scharniervers in der dritten Zeile, der gerademal aus einem Wort besteht. – Aber bitte: So lautet wohl nur eine mögliche Lesart dieses einen Tan-Rengas.

Jedem der 52 Tan-Renga räumen Autoren und Verlag eine eigene Buchseite ein – versteht sich das nicht von selbst? Als weniger selbstverständlich erachte ich den gewählten Satzspiegel: die fünfte Zeile leicht über der Seitenmitte stehend; für die Absetzung des Unterstollens vom Oberstollen ist genau eine Leerzeile freigelassen; und die fünf Zeilen stehen glücklicherweise nicht gemittet, sondern linksbündig da. Schlicht und einfach – gelungen!

Den 52 Tan-Renga setzen die zwei Autoren ein Vorspiel voran, ohne jeglichen Kommentar oder Zusatz:

Worte setzen

wo Leere war

jetzt Licht

im Wechsel

aus dem Schatten treten

Es ist, quasi als zusätzliches Tan-Renga, bei sonst gänzlich gleichem Satzspiegel, gemittet gesetzt – hier erscheint diese Formatierung am richtigen Ort. Wirkt der Text nicht wie ein Motto? – Der Leser wird auf der nächsten Buchseite, im Vorwort „Zum Geleit", auf die durchgängige Markierung von Ober- und Unterstollen hingewiesen: Horst-Oliver Buchholz' Gedichtzeilen sind stets in geraden Buchstaben gesetzt, jene von Eleonore Nickolay stets kursiv. Mit einer Kurzvita zu den beiden Autoren schließt das Büchlein ab.

Hinweisen möchte ich auch auf die Sprache, in der die 52 Tan-Renga verfasst sind: Eine ruhige Sprache ist das, finde ich, die aber durchwegs sehr poetisch wirkt. Das Cover mit den beiden Profilfotos der Autoren, an Scherenschnitte erinnernd, er in Schwarz, sie in Weiß, gibt den vielen Jahresfarben, die im Buch ihre Plätze haben, einen sehr gediegenen Rahmen. Gesagt mit einem Zitat aus Claudia Brefelds Text auf der Coverrückseite: „Wir betreten eine ‚Ausstellung', die vieles zum Klingen bringt!"

Für mich ist „Licht*wechsel*" ein klassisches Beispiel und gleichzeitig eines der schönsten mir bekannten Beispiele der vergangenen Jahre für eine Partner-Autorenschaft. Ob das Buch als „Geschichte durch das Jahr" gelesen wird oder ob lieber jeder Text für sich betrachtet wird – das mag jeder Leser für sich entscheiden; das Buch lässt Platz für beide Lesarten. Der junge Rotkiefer Verlag hat mit den Tan-Renga von Eleonore Nickolay und Horst-Oliver Buchholz im Frühling dieses Jahres eine einmalige Publikation veröffentlicht.

Berichte

Angelika Holweger

KUNST + KULTUR NACHT
Lyrik, Prosa und Musik

Anlässlich des 50-jährigen Jubiläums der Galerie Schwarze Treppe in Haigerloch fand neben diversen Ausstellungen am 15. Juli 2022 eine Lyrik- und Musiknacht statt.

Angelika Holweger und ihr ältester Sohn Ulrich hatten die einmalige Gelegenheit, dieses vierstündige Event zu gestalten. Ein schöner Sommerabend lockte 50 Gäste an. Nicht zu vergessen die beiden Katzen auf Nachbars Balkon, die stundenlang andächtig lauschten.

Angelika Holweger gab zuerst einen kurzen Einblick in die Entstehungsgeschichte des Haiku. Anschließend erklärte sie die Begriffe Haiku und Haibun. Ihr Sohn spielte zwischendurch immer wieder klassische Gitarrenstücke. Bei einem kleinen Haiga-Workshop mit Bildmaterial gab es interessante und lebhafte Interaktionen. Die weiteren Programmpunkte wurden in lockerer Abfolge von Haiku, Haibun und Musik gestaltet.

Themen der nachfolgenden drei Lesungen waren: Impressionen, ein Hauch von Liebe und Erotik und zum Abschluss Nachtgedanken. Die beiden Künstler hatten wahrlich ein Mammutprogramm zu bewältigen. Doch die Zuhörerschaft war stets präsent. Etwa 10 Gäste blieben bis zum Schluss.

Diese Kunst- und Kulturnacht zeigte, dass man japanische Lyrik und Prosa durchaus kurzweilig darbieten kann. Alles in allem eine sehr gelungene und vom Publikum mit großem Interesse angenommene Open-Air-Veranstaltung im Zeichen der japanischen Lyrik und klassischen Gitarrenmusik.

späte Nachrichten
suche das Sternbild
der Taube

Rita Rosen

Gruppenbildung

Auf der letzten Mitgliederversammlung wurde ich gebeten, einige Tipps zum Gründen und Leiten einer Haiku-Gruppe zu geben. Ich werde dies gerne tun. Ich habe selber den Haiku-Kreis Wiesbaden zehn Jahre lang geleitet und habe als Professorin an der Hochschule RheinMain ‚Gruppendynamik und Gruppenpädagogik' gelehrt.

Das Charakteristikum einer freien Gruppe ist die „Freiwilligkeit der Teilnahme". Das Ziel und die Gestaltung der Gruppenarbeit müssen einen Anreiz bieten, dass die Mitglieder an der Gruppe teilnehmen, zu den Treffen kommen. (Es gibt keine Sanktionen!)

Es gibt eine formelle und informelle Leitung. Die formelle wird von der Gruppe gewählt, bestimmt – die informelle übernimmt Aufgaben je nach Aufgabenstellung. Die Person, die die Gruppe gründet, wird auch Leiter/Leiterin der Gruppe sein. Dazu sollte sie auch bereit sein.

Die Mitglieder der Gruppe nehmen verschiedene Rollen ein. Diese bilden sich entsprechend der Aufgaben, die übernommen werden können. Die Leitung soll darauf achten, dass die Gruppenmitglieder viele Aufgaben übernehmen.

Als Einzelner/Einzelne kann ich Schritte unternehmen, eine Gruppe zu bilden. Per Gespräch, per E-Mail, per Telefon usw. kann ich für die Gruppenbildung werben. Auch lohnt sich eine Anzeige in der Presse, Wochenendausgabe oder in den Werbezeitschriften (meist kostenlos). Diese Anzeigenwerbung muss insbesondere am Anfang beibehalten werden. Es gilt, die Geduld nicht zu verlieren! Manchmal dauert es eine Weile, bis sich genügend Interessierte melden. Auch später, wenn sich die Gruppe verändert, kann diese Werbung wiederholt werden.

Zu Beginn kann ein Treffen in der Wohnung sinnvoll sein. Bei einer gewissen Gruppengröße und nach einer Zeit der Konsolidierung empfiehlt es sich, einen offiziellen Treffpunkt zu suchen und zu finden. Für einen geringen monatlichen Beitrag stellen z. B. Literaturtreffs oder andere Kultureinrichtungen einen Raum zur Verfügung. Durch diesen Treffpunkt erhält die Gruppe eine gewisse professionelle Identität, die sie selber stärkt und mit der sie in der Öffentlichkeit auftreten kann.

Wichtig ist von Beginn an, einen festen Termin und einen festen Treffpunkt zu vereinbaren. Und diesen nicht zu verändern! Sodass es für alle möglich ist, auch mal nach einer Pause, am Gruppengeschehen teilzunehmen. Auch das Konzept der Gruppenarbeit soll vorgestellt, die Interessen sollten erkundet und eingebunden werden.

Das Konzept der Arbeit im Haiku-Kreis Wiesbaden bestand darin, schon geschriebene Haiku zum Treffen mitzubringen. Ein bis zwei konnten vorgetragen werden. Diese wurden „konstruktiv-kritisch" besprochen. Der Besprechung lagen meist Kriterien zugrunde, die die theoretischen Aspekte des Haiku beinhalteten. So wurden einige Lehrbücher zum Schreiben von Haiku studiert und rezipiert. Und die „Grundbausteine des Haiku" von Klaus-Dieter Wirth z. B. ermunterten zur vielfältigen Ausgestaltung des Haiku. Sie wurden in der Gruppe erprobt. Die Gruppe stellte auch einige Regeln der Bearbeitung des Haiku auf. So wurde z. B. als wichtig angesehen, dass der Schreiber / die Schreiberin die Besprechung seines/ihres Haiku zunächst einmal ohne Widerrede anhören solle; eine weitergehende Bearbeitung mit der Darstellung seiner/ihrer Erklärungen schloss sich meistens an und führte zu einem guten Ergebnis. Empfehlenswert ist auch die Führung eines Sammelbuches. Hier können nach jeder Sitzung die Haiku der einzelnen Mitglieder aufgeschrieben werden.

Erfahrungsgemäß hat eine Gruppe Interesse daran, nach einer Zeit des zurückgezogenen Arbeitens an die Öffentlichkeit zu treten und ihre Haiku vor Publikum vorzutragen. Dies sollte unbedingt unterstützt werden. Die positiven Rückmeldungen, die eine Gruppe hier erfährt, ermuntern zum Weiterschreiben. Am Anfang können z. B. Freunde, Bekannte, Interessierte eingeladen werden, vor denen gelesen wird. Auch der kleinste Kreis bietet die Möglichkeit, ein positives Feedback zu erlangen. Auf die Dauer können diese Lesungen angereichert werden mit Klängen verschiedener Klanginstrumente. Mit dieser Darstellungsform kann sich die Gruppe einen Namen im Kulturgeschehen der Stadt machen. Hieraus können sich Möglichkeiten der Publizierung der Haiku ergeben. So führte der Haiku-Kreis Wiesbaden regelmäßig jedes Jahr in der Vorweihnachtszeit eine

Lesung: „Haiku & Klänge" in ihrem Treffpunkt durch. Diese war bald sehr beliebt.

Naturgemäß ändert sich eine Gruppe im Lauf der Zeit. Mitglieder kommen und gehen. Dies sollte nicht zur Verunsicherung führen. Immer wieder können neue Mitglieder gesucht und gewonnen werden, sodass die Gruppe weiterbestehen kann.

Und nun wünsche ich Erfolg beim Gründen einer Gruppe und viele frohe und erlebnisreiche Stunden mit und in ihr.

Foto: Paul Bernhard und Haiku: Claudia Brefeld

Petra Klingl

Mit Haiku in Griechenland

 Vom 3. bis zum 5. Juni fanden sich zahlreiche Autoren in Athen ein, um am Griechisch-Deutschen Lesefestival 2022 teilzunehmen. Die Lesungen fanden in den Räumen des Deutsch-Griechischen Vereins „PHILADELPHIA" statt. Dieser Verein kann auf eine 180-jährige Geschichte zurückblicken und ist der älteste Verein Griechenlands. Er wurde von Deutschen gegründet. Solche prominenten Persönlichkeiten wie Schliemann und Dörpfeld zählten zu seinen Mitgliedern.

Ab 16:30 Uhr stellten die deutschsprachigen Autoren und Künstler ihre eigenen Bücher und Texte aus den unterschiedlichsten Literaturbereichen vor.

Am Samstag erhielt ich die Gelegenheit, das HAIKU vorzustellen.

Es gab wenige, die schon einmal etwas davon gehört haben. In meinem Vortrag erzählte ich, was ein Haiku ist, dass es aus Japan kommt, wie es nach Europa und Deutschland kam, bis hin zur Gründung der Deutschen Haiku-Gesellschaft.

Auch über die Geschichte des Haiku in Griechenland sprach ich und erwähnte u. a., dass der Literaturpreisträger Giorgos Seferis 1940 im „Exercise Notebook" 16 Haiku veröffentlichte.

Anschließend las ich Haiku aus dem Buch: „Auch in Berlin springt der Frosch in den Teich" – eine Anthologie von Berliner Haiku-Autoren, die auch alle Mitglieder der DHG sind.

Es war für mich sehr überraschend, wie groß das Interesse war. Auch nach dem Vortrag gab es viele angenehme Gespräche rund um das Haiku, und wenn ein Teilnehmer meinen Namen nicht wusste, hieß es: Du bist doch die Japanerin …

Hubert Eichmann, der als Vorstand von Philadelphia für die Organisation der Veranstaltung verantwortlich zeichnete, überreichte mir am letzten Abend die 16 Haiku von Seferis in griechischer und englischer Sprache!

Am Montag, 06.06. zogen wir dann um, nach Aigio auf die Peloponnes, direkt am Golf von Korinth.

Hier gab es Workshops, Lesungen, Theater, Musik, Kunst und Lese- und Autorentreffen im Orangenhain des „Gardens of Vostizza" – ein künstlerischer und idyllischer Garten der Initiatorin des Festivals, Edit Engelmann.

Drei Haiku-Veranstaltungen durfte ich hier gestalten:

Am Dienstag stellte ich den Rotkiefer Verlag und dessen Bücher vor, las aus meinem Buch „Haiku" und noch unveröffentlichte Texte vor.

Am Mittwoch bot ich einen Haiku-Workshop an: „Was ist ein Haiku und wie schreibt man Haiku?". Ich erklärte, was wichtig ist beim Haiku-Schreiben, und erklärte die Techniken der Herangehensweise. Dann schrieben die vier Berliner Autoren eigene Haiku. Im anschließenden Kukai wurden diese anonym bewertet und danach besprochen.

Diese Haiku erblickten das Licht der Welt:

Slavica Klimkowsky; schreibt Erzählungen, Kurzprosa, Gedichte.

In der Talwanne
leichte Brise
Lavendelduft

Steffen Marciniak; schreibt Prosa/Lyrik u. a. über Figuren der griechischen Mythologie, Mitinitiator des Lesefestivals.

Am Isthmus von Korinth
ein Blatt fällt
eintöniges Wellenwandern

Heidi Ramelow; schreibt u. a. Kurzkrimis, Kurzgeschichten, Gedichte

Blinkender Marmor
zum Tempel hinauf
die alte Frau strauchelt

Jürgen Polinske; schreibt Gedichte, Kurzprosa, Mitinitiator der Cita de la Poesia

Vostizza Orangen
beschatten mein Buch
würzen die Luft

Am Donnerstag gab es schließlich die letzte gut besuchte Haiku-Lesung. Renate Riehemann und ich lasen abwechselnd ihre Haiku, die demnächst im Haiku-Heft Nummer 5 im Rotkiefer Verlag erscheinen werden.

Abschließend trug ich die Haiku aus dem Workshop vor, und die Zuhörer sollten erraten, wer der jeweilige Autor ist. Das führte zu viel Heiterkeit und war ein vergnüglicher Abschluss der Haiku-Veranstaltungen.

Und selbstverständlich gehörte zum Griechisch-Deutschen Literaturfestival auch ein bisschen Urlaub, Athen erkunden, die Akropolis besuchen, gemütliches Beisammensein mit griechischem Essen am Abend und baden im Meer:

In den Wellen schwebend
Haiku dichten
die Worte stranden

Briefe an die Redaktion

Liebe Freundinnen und Freunde des Haiku,

am 23. März 2022 ist meine Mutter, Hildegund Sell, im Alter von 89 Jahren verstorben. Damit endete ihre 16-jährige Mitgliedschaft in der Deutschen Haiku-Gesellschaft.

Während dieser Zeit, und solange ihr das möglich war, waren die Kommunikation mit der DHG, z. B. in der Werkstatt, das Lesen des „SOMMERGRASES", das Haiku-Schreiben und auch die Veröffentlichungen ihrer Haiku für sie sehr wichtig.

Sie erschloss sich durch die Beschäftigung mit dem Haiku und seines geistigen Hintergrundes eine neue kulturelle Welt.

Und auch ich habe über sie an den Aktivitäten der DHG Anteil genommen.

So hatte ich das Vergnügen, sie als Gast zur Mitgliederversammlung nach Halle zu begleiten und freute mich damals sehr über die engagierte und kenntnisreiche Gemeinschaft.

Ihre Mitgliedschaft endete nun mit diesem Haiku meiner Mutter Hildegund:

Die Wasser im Fluß,
und Tage, strömen vorbei.
Das Meer schon so nah ...

Mit freundlichen Grüßen!

Gundula Sell

Mitteilungen

Neuveröffentlichungen

1. Gabriele Hartmann: auf Zehenspitzen, Foto-Haibun, Softcover, Heftbindung, 14,8 cm x 14,8 cm, 28 Seiten, farbiges Innencover, 12 Schwarzweiß-Fotos, bon-say-verlag, 2022. Zu beziehen unter: info@bon-say.de

2. Günther Radach: Späte Ernte, Haiku und Tanka, 172 S., Books on Demand, Norderstedt 2021, ISBN 978-3-7543-3973-2.

3. Günther Radach: Jenseits der Jahreszeiten, Haiku und Tanka, 120 S., Books on Demand, Norderstedt 2022, ISBN 978-3-7557-5985-0.

4. Sommerkamp, Sabine: Die Sonnensuche, Von Glasmenschen, Eiszeiten und der Macht der Poesie, 96 S. mit 22 Bildern von Irene Müller, geb., Format 24 x 21,5 cm, 1990 im Christophorus-Verlag erschienen, 2022 Übernahme des Vertriebs durch den Iudicium Verlag, ISBN 978-3-86205-557-9.

5. Klaus-Dieter Wirth: Japanisches Glossar rund um das Haiku und verwandte Kunstformen im Rahmen der Japanischen Kultur, 16 x 22,6 Hardcover, 300 Seiten, Rotkiefer Verlag, Berlin 2022, ISBN: 978-3-949029-14-1.

Sonstiges

1. **Ausschreibung des Rotkiefer Verlags**
Thema: Blumengrüße
Bis zu **drei Haiku kann jeder** Autor / jede Autorin einreichen.
Einsendeschluss ist der **31.10.2022.**

Der Rotkiefer Verlag wird künftig jedes Jahr thematische Anthologien als schmucke Geschenkbüchlein veröffentlichen.

Eine unserer ersten Veröffentlichungen aus dieser Rubrik wird unter der Thematik „Blumengrüße" erscheinen.

Bitte bis zu drei passende Haiku über das Formular auf unserer Webseite: www.rotkiefer-verlag.de einreichen. Bitte die Teilnahmebedingungen beachten.

Jeder verschenkt gerne Blumen oder bekommt auch gerne welche. Haiku über Lieblingsblumen, Blumensträuße usw. möchten wir in der Anthologie versammeln.

Sie soll ein poetischer und bunter Blumenstrauß werden.

2. **Wir gratulieren!**

Bei den Merit Books Awards 2022 der „Haiku Society of America" hat das Buch von Jim Kacian, Terry Ann Carter, Claudia Brefeld: *The Endangered C,* Red Moon Press, 2021, in der Kategorie HAIGA BOOK AWARDS den ersten Platz belegt.

(Siehe Buchbesprechung von Deborah Karl-Brandt, SG 136, Seite 101–102)

3. Gerne informiert die SOMMERGRAS-Redaktion in Zukunft an dieser Stelle über Auszeichnungen der DHG-Mitglieder. Bitte mailen Sie uns eine kurze Nachricht unter dem Stichwort „Auszeichnung/DHG-Mitglied".

4. **Bitte beachten!**

Neue Mailadresse der Deutschen Haiku-Gesellschaft:
info@haiku.de

Neue Mailadresse der SOMMERGRAS-Redaktion:
redaktion@sommergras.de

5. Autoren und Autorinnen, die Texte für die HTA 138 an
auswahlen@deutschehaikugesellschaft.de und/oder an
redaktion@deutschehaikugesellschaft.de

für SOMMERGRAS 138 eingesandt haben und **keine Eingangsbe-stätigung** erhalten haben, können ihre Texte noch einmal für SOM-MERGRAS 139 (Dezember) einreichen.

Aufgrund eines Systemfehlers waren diese E-Mail-Adressen vor dem 15. Juli deaktiviert, sodass uns Ihre Texte nicht fristgemäß erreichten. Wir bitten, das zu entschuldigen.

Diese E-Mail-Adressen werden **nur noch bis Ende 2022** gelten. Gerne können auch schon die neuen angeschrieben werden.

Wenn Sie nicht über das Online-Formular auf „Hallo Haiku" für die HTA einsenden, dann bitte an: auswahlen@sommergras.de

Für die SOMMERGRAS-Redaktion an: redaktion@sommergras.de

Die SOMMERGRAS-Redaktion dankt für Ihr Verständnis!

6. Lichtzeichen: ein Cover für SOMMERGRAS

Setzen Sie ein Zeichen, ein Lichtzeichen, und kommen Sie aufs Cover: Wir nehmen Ihre Fotos entgegen für die Gestaltung künftiger Titelbilder von SOMMERGRAS. Aber wieso Lichtzeichen? Das hat mit dem Wortursprung von Fotografie zu tun. Aus dem Griechischen stammt der Begriff und setzt sich zusammen aus den beiden Wortteilen photós (= Licht) und graphein für schreiben, malen oder Zeichen setzen. Setzen Sie also ein Zeichen und schicken Sie uns geeignete Fotos oder Bilder. Das können Naturmotive sein, Abstraktes oder auch Gemaltes oder Gezeichnetes. Wir sind gespannt, was uns erreichen wird!

Ein paar technische Hinweise noch. Das Foto sollte im Hochformat sein und in hoher Auflösung vorliegen, damit es brillant und scharf auf dem Cover erscheinen kann. Und es sollte Raum lassen für den Schriftzug „SOMMERGRAS". Das war es aber auch schon. Sonst sind der Fantasie und Kreativität keine Grenzen gesetzt. Wir freuen uns auf Ihre Einsendungen, die Sie bitte an redaktion@sommergrast.de schicken. Stichwort: Cover.

Erratum

SG 137, Seite 86: **Die Redaktion bittet Herrn** Professor Kenji Takeda um Entschuldigung für die falsche Schreibweise seines Nachnamens.

Mentoring

Für das **Haiku- und Haiga-Mentoring** stellt sich Claudia Brefeld zur Verfügung: post@claudiabrefeld.de

Bernadette Duncan bietet **Haiku-Mentoring via Zoom** (Videokonferenz) an. Interessierte wenden sich bitte direkt an bernadette.duncan@outlook.com

Für das **Tanka-Mentoring** stellt sich Tony Böhle zur Verfügung: tonyboehle@web.de

Coverbild

Das Bild für das Cover dieser Ausgabe kommt von Valeria Barouch. Sie wurde 1951 in der Zentralschweiz geboren und lebt seit vier Jahrzehnten in der Westschweiz. Sie schreibt Lyrik in Deutsch, Französisch und Englisch mit einer Vorliebe für feste Formen. Sie zeichnet, malt, fotografiert und begeistert sich für J.R.R. Tolkiens Sprachenwelt. Ihre Homepage www.quettar-orenyallo.ch beheimatet unter anderem auch ihre Haiku-Experimente in einer von Tolkiens Elbensprachen. Die Kamera kommt hauptsächlich für Tierfotografie und Lichtmalerei zum Einsatz.

Impressum

Vierteljahresschrift der Deutschen Haiku-Gesellschaft
35. Jahrgang – September 2022 – Nummer 138

Herausgeber: Vorstand der DHG
Tel.: 040/460 95 479
E-Mail: info@haiku.de

Redaktion: Horst-Oliver Buchholz, Eleonore Nickolay, Thomas Opfermann
Mitarbeit: Claudia Brefeld

Titelillustration: Valeria Barouch
Covergestaltung: Stephanie Mattner

Lektorat   Gabriele Buschmann, Martina Khamphasith
Satz und Layout: Martina Khamphasith

Freie Mitarbeit erwünscht. Ihre Beiträge schicken Sie bitte per

E-Mail an: Horst-Oliver Buchholz, Eleonore Nickolay, Thomas Opfermann:
redaktion@sommergras.de

Post an: Petra Klingl, Wansdorfer Steig 17, 13587 Berlin

Über die Veröffentlichung der Beiträge entscheidet die Redaktion. Die Meinung unserer Autoren muss sich nicht immer mit der Meinung der Redaktion decken. Die Beiträge werden von uns sorgfältig geprüft, für die Richtigkeit, Vollständigkeit und Aktualität der Inhalte, insbesondere der fremdsprachlichen Texte, können wir jedoch keine Gewähr übernehmen.

In der Zeitschrift SOMMERGRAS wird (betrifft Beiträge der Redaktion) die männliche Form stets generisch gebraucht und bezieht folglich die weibliche Form mit ein.

Einsendeschluss
für die Haiku- und Tanka-Auswahl: 15. Oktober 2022
Redaktionsschluss: 20. Oktober 2022

Jahresabonnement Inland (inkl. Porto) 45 €
Jahresabonnement Ausland (inkl. Porto) 55 €
Einzelheftbezug Inland (inkl. Porto) 12 €
Einzelheftbezug Ausland (inkl. Porto) 14,50 €
Auslandsversand nur auf dem Land-/Seeweg.

Der Mitgliedsbeitrag beträgt 45 € im Jahr und beinhaltet die Lieferung der Zeitschrift (Inland inkl. Porto, Ausland + 10 € Porto).
Die finanzielle Unterstützung der DHG quittieren wir mit Spendenbescheinigungen.